Depression für Frauen:

Wie Sie sich durch Selbstliebe, Positives Denken und die Gewohnheiten glücklicher Menschen von ihren Depressionen befreien können

Simone Kerber

Sich selbst lieben lernen:

Wie Sie die Kunst der Selbstliebe meistern, die innere Kritik ablegen und sich wieder glücklich in der eigenen Haut fühlen.

Simone Kerber

Inhaltsverzeichnis

Einleitung

Die ganze Welt redet über das Wort „Selbstliebe". Aller Wahrscheinlichkeit nach ist in jedem Selbsthilfebuch, das Sie je in der Hand gehalten haben, mindestens ein Kapitel dem Thema Selbstliebe und dem Glauben an sich selbst gewidmet. Aber was genau ist Selbstliebe eigentlich? Ist das nicht dasselbe wie Narzissmus? Reden wir hier über Selfies, duftende Schaumbäder und Pediküren? Geht's bei der Selbstliebe nicht schließlich darum, sich selbst zu verwöhnen?

Schon, aber es gehört so viel mehr dazu. Selbstliebe ist ein starkes Konzept, das weit über jedes Verwöhnprogramm hinausgeht. Es liegen Welten zwischen Narzissmus und Selbstliebe. Während der Narzissmus eine ungesunde Besessenheit mit sich selbst ist, geht es bei der Selbstliebe darum, sich bedingungslos mit und trotz aller Stärken und Schwächen zu akzeptieren.

Anders als beim Narzissmus ist der Fokus bei der Selbstliebe nicht auf Arroganz, Egoismus oder eine egozentrische Einstellung gerichtet. Es geht darum, sich selbst zu lieben für die Person, die man tief innen ist, und der Herr seines eigenen Glücks und Wohlbefindens zu sein. Bei der Selbstliebe konzentrieren Sie sich darauf, sich selbst aufzubauen und zu lieben, anstatt Akzeptanz und Liebe von anderen zu suchen. Während Narzissten ihre Mitmenschen aufgrund ihrer zwingenden Besessenheit mit sich selbst runterziehen, richtet Selbstliebe ihren Fokus darauf, sich selbst und andere zu respektieren. Der Narzissmus sagt „Ich liebe mich mehr als andere", während die Selbstliebe sagt „Ich zeige mir gegenüber genauso viel Liebe und Respekt wie anderen Menschen auch."

Ein weiterer krasser Kontrast zum Narzissmus ist, dass Selbstliebe einem äußerst positiven und affirmativen Streben nachgeht. Es verstärkt die

Fähigkeit, sich selbst zu lieben, um andere lieben zu können und Empathie auf einer höheren Ebene zu empfinden. Es basiert auf dem soliden Prinzip von Verständnis und Zusammenarbeit, anders als der Narzisst, der durch Wettbewerb und oberflächliches Ausstechen der Konkurrenz aufblüht. Sich selbst zu lieben ist ausschließlich positiv, heilend und pflegend für die Seele, wohingegen Narzissmus destruktiv, giftig und beziehungszerstörend ist.

Neue Kleidung und ein atemberaubendes Makeover sind nicht die Schlüssel zur Selbstliebe, sie können eine Rolle in ihrer Findung spielen, definieren sie aber nicht. Selbstliebe ist die tiefe und unsterbliche Wertschätzung unseres wahren Ichs, das von innen herauskommt. Es ist das Streben danach, uns körperlich, emotional und spirituell zu stärken. Sich selbst zu lieben bedeutet, sich voll und ganz mit all seinen Stärken und Schwächen wahrzunehmen und zu akzeptieren. Es geht darum, das, was man ändern kann, zu ändern und zu akzeptieren, was man nicht ändern kann.

Bei der Selbstliebe geht es darum, nie das Gefühl zu haben, seine Schwächen rechtfertigen zu müssen, sich klare Ziele zu setzen, sich selbst mit tiefgründiger Liebenswürdigkeit zu begegnen und ein erfülltes Leben zu haben. Das können wir nur erreichen, wenn wir über der Meinung anderer stehen und uns für uns selbst akzeptieren. Sich selbst zu lieben ist nicht nur ein oberflächliches psychologisches Wohlfühlkonzept, es ist ein realer Handlungsplan, der Ihr Leben für immer verändern kann.

Dieses Buch bietet Ihnen 10 wertvolle und sorgfältig recherchierte Strategien, die Ihnen helfen, an Bord der bereichernden Reise zur Selbstliebe zu klettern. Sie werden lernen, Ihre Fehler zu akzeptieren, mit vorübergehenden Rückschlägen umzugehen und sich von dem Gefühl zu befreien, das Sie davon zurückhält, sich selbst zu lieben. Es sind viele leicht verständliche und praktische Hinweise enthalten, die Sie in den Alltag einfließen lassen können, um Ihren Selbstliebequotienten zu erhöhen.

Kapitel 1: Entdecken Sie Ihre spirituelle Seite

Glaube ist die Grundlage, um sich selbst zu lieben. Es gibt Ihnen die Kraft, an sich zu glauben, ganz unabhängig von den herrschenden Umständen. Einer höheren Kraft zu vertrauen erlaubt Ihrer Seele, sich den Wundern von Glaube, Hoffnung und Vertrauen neu zu öffnen. Spiritualität hilft Ihnen dabei, Ihre Intuition zu festigen und Sie näher an Ihre innere Stimme zu bringen. Es hilft Ihnen, aus dem Bauch heraus solide Entscheidungen zu treffen. Spirituelles Streben kann Ihnen helfen, neue Aspekte an sich selbst zu entdecken. Es kann zu neuen Gedanken, Leidenschaften, Emotionen, Gefühlen, Glauben und Handlungen führen. Sie werden sich mehr wertschätzen, wenn Sie in der Lage sind, eine starke Verbindung mit Ihrem inneren Ich aufzubauen.

Selbstliebe und Selbstheilung kann in einer Vielzahl von effektiven Wegen praktiziert werden. Zwei dieser Wege sind Achtsamkeit und Meditation. Eine der fundamentalsten Lehren des Spiritismus ist die bedingungslose Selbstliebe und Selbstakzeptanz. Sie sind ein Teil des Universums, und es ist ebenso wichtig, sich selbst zu lieben wie andere Menschen auch.

Das Konzept hinter der Selbstliebe kann für viele Menschen erst mal verwirrend sein. Schließlich steht das Thema Selbstlosigkeit im Mittelpunkt vieler Religionen. Somit wird Selbstliebe zur Antithese vom Konzept der Selbstlosigkeit. Aber ist Selbstliebe dasselbe wie Selbstsucht? Ist es wirklich das Gegenteil von Selbstlosigkeit? Weit gefehlt!

In erster Linie geht es bei der Selbstliebe um bedingungslose Selbstakzeptanz, versehen mit einem Schuss Mitgefühl, Verständnis und Wertschätzung.

Können Sie sich in diesem Augenblick aus ganzem Herzen selbst akzeptieren? Wenn die Antwort Nein ist, was fehlt, damit Sie sich als Ganzes akzeptieren können? Wollen Sie erfolgreicher sein? Oder besser aussehen? Oder vielleicht wollen Sie an Ihren Kommunikationsfähigkeiten arbeiten? Unsere Liste mit unabgehakten Punkten zum „perfekten Ich" ist oft ellenlang. Haben Sie es in sich, die Person, die Sie in diesem Moment sind, zu lieben? Können Sie sich akzeptieren, ohne Ihre persönlichen Erwartungen an sich selbst zu erfüllen? Werden Sie sich selbst lieben, auch dann, wenn Sie nie die Person werden sollten, die Sie werden wollen?

Diejenigen mit einer gesunden und ausgeglichenen Einstellung zum Thema Selbstliebe finden es einfacher, andere zu lieben und zu akzeptieren. Wenn Sie Selbstliebe praktizieren, übermitteln Sie nicht nur sich selbst, sondern auch dem Universum, dass Sie nur die positiven Dinge im Leben verdienen. Schritt für Schritt erlaubt das Ihnen, Ihre Hoffnungen, Träume und Wünsche Realität werden zu lassen. Hier sind einige powervolle Tipps, die Ihnen dabei helfen, Ihre Spiritualität zu entdecken.

Meditation

Meditation erlaubt Ihnen, dass Sie sich selbst in einem ruhigeren und nicht wertenden Zustand betrachten. Einfacher gesagt, es öffnet die Tür, um eine bedeutsame Freundschaft mit sich selbst eingehen zu können. Je besser Sie sich selber kennenlernen, desto einfacher wird es Ihnen fallen, jeden Aspekt Ihres Seins zu akzeptieren. Zweifel, Ängste, Misstrauen und Unsicherheit werden Gefühle der Vergangenheit sein, wenn Sie im Einklang mit sich selbst sind.

Sobald Sie damit beginnen, sich mit Güte und Verständnis zu akzeptieren, begraben Sie automatisch die selbstzerstörenden Gedanken, dass Sie nicht gut genug sind oder es nicht verdienen, glücklich zu sein. In einfachen Worten, Sie laden Mitgefühl in den Kreis der Selbstverneinung und des niedrigen Selbstwerts ein, bis alle Unsicherheiten und negativen Gefühle verschwinden und sich das powervolle Gefühl von Selbstliebe in Ihnen ausbreitet.

Anleitung für eine Selbstliebe-Meditation

Finden Sie einen ruhigen und entspannten Ort, an dem Sie die Selbstliebe-Meditation üben können. Begeben Sie sich in eine komfortable Position. Atmen Sie bewusst einige Male tief ein. Konzentrieren Sie sich auf das Fließen jeden Atemzugs, wenn Sie die Luft ein- und wieder ausatmen. Seien Sie sich Ihrer einzelnen Körperteile bewusst, während Sie weiterhin ruhig tief ein- und ausatmen. Beginnen Sie mit Ihrem Herzen und spüren Sie das sanfte Klopfen.

Stellen Sie sich sich selbst in Ihrem Herzen vor. Sie können sich das bildlich vorstellen oder Ihren Namen einige Male skandieren. Lassen Sie sich sanft und geborgen von Ihrem Herzen halten. Wiederholen Sie eine Affirmation, die Sie von Selbstzweifeln befreit und positives Denken fördert, „Möge ich für immer glücklich sein" oder „Möge ich vom Teufelskreis des Selbstzweifels wegbrechen". Das regelmäßige Wiederholen dieser Affirmationen wird Ihnen langsam dabei helfen, eine einfühlsamere, tiefere und wertschätzende Beziehung mit sich selbst aufzubauen. Atmen Sie ein letztes Mal tief ein und jeglichen Stress und Druck aus.

Sie können sich sich auch als Ihr eigenes Kind vorstellen. Sehen Sie sich als den Elternteil und Ihre Persönlichkeit als Ihr Kind. Stellen Sie sich vor, dass dieses Kind die perfekte Kreation ist. Es ist noch am Wachsen und Weiterentwickeln, um sein volles Potential auszuschöpfen, aber perfekt, so wie es ist. Akzeptieren Sie Ihr Kind aus ganzem Herzen. Sehen Sie sich dieses Wunder der Natur mit Zuneigung, Wertschätzung und Freude an, mit allen positiven und negativen Seiten. Öffnen Sie diesem Kind Ihr Herz und nehmen Sie es mit bedingungsloser Liebe an.

Vertiefung des Bewusstseins

Die Vertiefung des Bewusstseins ist die Königsdisziplin der Gewissensprüfung. Es geht darum zu verstehen, wo man aktuell ist, wenn es um das Thema Selbstliebe geht. Stille Reflektion ist ein hervorragender Weg, um Licht an Ihren unbewussten Geist zu bringen. Ist ein Defizit an Selbstliebe vorhanden? Was sind die zugrundeliegenden Probleme, die dieses Defizit hervorruft?

Fragen Sie sich Fragen, die Sie näher an Ihr Inneres Ich bringen. Was lieben Sie an sich selbst? Was hält Sie davon ab, sich selbst zu lieben? Was würden Sie gerne an sich ändern? Konsultieren Sie Ihren „inneren Therapeuten", um herauszufinden, wie Sie sich selbst intensiver lieben können.

Sie führen eine unvoreingenommene und wesentliche Selbstanalyse durch. Geben Sie sich keinen Spielraum für eine Verurteilung Ihrer Handlungen. Sie ziehen lediglich eine Bilanz aus den Aspekten, die Sie an sich lieben, und aus denen, die Sie noch perfektionieren möchten. Das hilft Ihnen, die Seiten, die Sie an Ihrer Persönlichkeit ändern wollen, zu verfeinern.

Überzeugen Sie Ihr Unterbewusstsein durch positive Affirmationen

Stellen Sie sich Ihr Unterbewusstsein als einen Computer vor, der wichtige Informationen enthält. Wenn Sie diese Informationen ändern möchten, müssen Sie die Maschine umprogrammieren. Das tägliche Wiederholen der Affirmationen ermöglicht Ihnen, „Ihr Unterbewusstsein umzuprogrammieren" und eine positive Denkbasis zu erschaffen. Die Übung kanalisiert Ihr Unterbewusstsein darauf, sich bedingungslos selbst zu lieben. Affirmationen können gesprochen, aufgeschrieben (später mehr zum Thema Tagebuchführen) oder im Geiste wiederholt werden.

Praktizieren Sie Dankbarkeit

Bemühen Sie sich aktiv darum, giftiges Vergleichen loszulassen und stattdessen dankbar für all Ihre Gaben zu sein. Ein Leben voller Dankbarkeit erlaubt Ihnen, sich zu lieben und zu akzeptieren, während Sie strenges Verurteilen, verbitterte Frustration und Hoffnungslosigkeit gehen lassen. Negative Gefühle werden durch neue Möglichkeiten für ein glückliches Leben ausgetauscht. Sie können Dankbarkeit üben, indem Sie es durch Affirmationen ausdrücken oder einen Brief schreiben mit all den kleinen Dingen, für die Sie dankbar sind, und diesen ins Universum schicken. Danken Sie anderen für ihre Hilfsbereitschaft. Wenn Ihr Herz mit Dankbarkeit gefüllt ist, ist Selbstliebe nur noch einen Schritt weit entfernt. Niemand kann so gut sein wie Sie selbst. Dankbar zu sein für all Ihre Gaben zieht weitere Gaben an.

Trauminterpretation

Spirituelle Heilung oder Reinigung kann höchst effektiv sein. Es gibt zahlreiche Wege, es zu praktizieren. Beliebte Techniken sind Selbsthypnose, Trauminterpretation, Yoga, Reiki, Aromatherapie und Qigong.

Trauminterpretation ist ein wundervoller Weg, um mit Ihrem inneren Ich in Einklang zu kommen. Unsere Träume haben die Schlüssel zu den Facetten, die unser Geist verschlossen hält. Erhöhtes Bewusstsein unserer Träume und sie akkurat zu interpretieren hilft uns, in unser Unterbewusstsein einzutauchen und eine starke Verbindung zu uns selbst herzustellen. Was hält uns zurück? Welche Gefühle müssen wir eliminieren, um uns wieder lieben zu können? Was hält uns davon ab, unsere Ziele im Leben zu erreichen? Welche unserer positiven Eigenschaften können wir benutzen, um an diese Ziele zu kommen?

Der Weg zur Selbstheilung und Selbstakzeptanz wird einfacher, wenn wir uns unserer tiefsten Gefühle bewusst sind. Das Universum und unser Geist sind stetig in Kontakt mit uns durch Metaphern und Symbolik in unseren Träumen. Das Entschlüsseln unserer Träume gibt uns die Macht, uns noch mehr zu akzeptieren und zu lieben. Eine Verbindung mit dem höheren Geist erlaubt uns, ein lohnenswerteres, bedeutungsvolleres und abgerundeteres Leben zu leben.

Sport

Sport ist ein genauso spirituell erfüllender und reinigender Vorgang als auch eine körperlich belohnende Aktivität. Wenn Sie Ihrem Körper mehr Liebe und Respekt zeigen, zeigen Sie automatisch auch sich selbst mehr Liebe. Die Teilnahme an aufregendem und herausforderndem Streben ist mit dem Verwöhnen Ihres Geistes gleichzusetzen, was wiederum erhöhte Selbstliebelevel zur Folge hat.

Haben Sie schon mal das befreiende Hoch nach einem Lauf oder einer anderen körperlich anstrengenden Herausforderung gespürt? Das Gefühl, Bäume ausreißen zu können? Genau das ist, was Sport für Ihren Geist tun kann. Es hilft Ihnen dabei, negative Gefühle wortwörtlich auszuschwitzen und sich auf Ihre körperlichen Stärken zu konzentrieren.

Gebete

Beten kann extrem heilend und reinigend sein, wenn es um den Glauben an sich selbst geht, und Ihnen unabhängig von Ihrem spirituellen oder religiösen Glauben helfen, Stress abzubauen und Wunder wahr werden zu lassen.

Die Teilnahme an sogenannten Healing Circles kann eine wunderbare und seelenöffnende Erfahrung sein. Wenn Sie die geballte Power von Gebeten und positiver Energie erleben wollen, dann besuchen Sie Ihre lokale Healing

Circle Gruppe. Die positive Einstellung von Menschen, die an die Kraft des Glaubens glauben, kann Ihren persönlichen Horizont erweitern.

Entdecken Sie Ihren *Happy Place*

Wir alle haben diesen einen Ort, an dem wir uns sofort wohlfühlen. Dieser Ort kann Ihre lokale Bibliothek sein, ein Stadtpark oder sogar Ihre Garage, er hilft Ihnen dabei, Ihre positiven Energien mit Bewusstsein und Gelassenheit zu kannelieren. Wenn Sie noch keinen *Happy Place* haben, dann machen Sie sich jetzt auf die Suche. Es kann in einer ruhigen Ecke Ihres Hauses sein, in der Sie sich wohl und geborgen fühlen.

Ihr *Happy Place* hilft Ihnen, sich mit Ihrem inneren Ich zu verbünden und das in einer inspirierenden Umgebung. Es hilft Ihnen dabei, vom Alltag loszulassen und sich auf sich selbst zu konzentrieren. In dieser Zeit können Sie alles machen; von einer Unterhaltung mit sich selbst bis hin zum Niederschreiben Ihrer tiefsten Gedanken. Erleben Sie die inspirierende Energie Ihres Happy Places.

Folgen Sie Ihrer Intuition

Wenn Sie lernen, sich von Ihrer Intuition führen zu lassen, öffnet sich auch das Tor zur höheren Selbstliebe. Wenn wir auf unsere innere Stimme hören, bauen wir ein starkes Fundament mit unserer inneren Kraft. Schauen Sie sich nach Hinweisen und Zeichen um, die Ihnen sofort ein Bauchgefühl geben. Wenn sich etwas richtig oder falsch anfühlt, dann ist es das wahrscheinlich auch. Geben Sie sich dabei Mühe, Ihre Intuition zu trainieren, indem Sie meditieren oder Selbstgespräche führen. Wenn Sie lernen, mit Ihrer inneren Stimme zu kommunizieren, lassen sich Entscheidungen leichter treffen.

Kapitel 2: Selbstliebe und Tagebuchführen

Tagebuchführen hat unzählige Vorteile. Es hilft Ihnen nicht nur, Ihr Wachstum als Person zu verfolgen, sondern auch, Ihre Gedanken, Gefühle und Stimmungen schriftlich festzuhalten, und am wichtigsten, alles bewusst Geschriebene zu verinnerlichen. Können Sie wirklich etwas erreichen, wenn Sie selbst nicht an sich glauben? Unwahrscheinlich. Tagebuchführen hilft Ihnen dabei, Ihre Ziele zu festigen und mit Ihrem inneren Ich in Kontakt zu treten, um sich bedingungslos selber zu lieben und zu akzeptieren.

Das Niederschreiben unserer Gedanken, Gefühle und Affirmationen ist nicht nur ein Wohlfühlritual. Jedes Mal, wenn Sie Ihre tiefsten Gedanken aufschreiben, verinnerlichen Sie sie, indem Sie Signale an Ihr Unterbewusstsein schicken. Ihr Unterbewusstsein arbeitet dann aktiv daran, diese Ziele oder Gefühle umzusetzen.

Die Sache mit dem Unterbewusstsein ist, dass es nicht zwischen Wirklichkeit und imaginärer Realität unterscheiden kann. Es glaubt, dass alle verinnerlichten Gefühle real sind. Wenn Sie Ihre positiven Affirmationen, Träume und Gedanken aufschreiben, hält Ihr Unterbewusstsein sie für echt.

Also, wenn Sie zum Beispiel wiederholt schreiben, dass Sie wundervoll sind und sich selber lieben, dann hält Ihr Unterbewusstsein es für die Wahrheit und leitet Ihr Handeln und Benehmen in Richtung dieser Realität. Das bedeutet, dass Ihre Affirmationen und Gedanken Ihr Handeln bestimmen. Sobald Sie sich daran gewöhnt haben, Ihre Gedanken, Ziele oder Träume aufzuschreiben, werden Sie merken, wie sich Ihr Handeln in das Niedergeschriebene einfügt.

Indem Sie sich auf ein positives Leben konzentrieren, steigern Sie Ihr Selbstwertgefühl und sind empfänglicher für höhere Selbstliebe. Sie bringen Ihren Geist dazu, zu glauben, dass Sie ein wundervolles, positives und erfülltes Leben führen. Das wiederum hilft Ihnen dabei, genau dieses Leben für Sie zu erschaffen. Indem Sie sich auf die positiven Aspekte konzentrieren, pflegen Sie die Liebe zu sich selbst.

Schreiben Sie mit einem klaren und fokussierten Geist. Was genau wollen Sie in Ihrem Streben nach Selbstliebe erreichen? Ein persönliches Ziel? Möchten Sie sich einfach akzeptieren, so wie Sie sind? Sind Sie darauf aus, einen verlockenden Traum wahrzumachen? Nehmen Sie sich jeden Tag ein paar Minuten Zeit, um Ihre Ziele und Gefühle niederzuschreiben.

Gestalten Sie Ihr Tagebuch so inspirierend und anspornend wie nur möglich. Schmücken Sie es mit ermutigenden, glücklichen und positiven Bildern, die Ihre Selbstliebe stärken. Benutzen Sie motivierende Zitate, aussagekräftige Sticker, Sketche und mehr, um Ihre Ziele und Selbstliebe zu illustrieren. Verbringen Sie weniger Zeit mit unproduktiven Aktivitäten, wie am Smartphone zu spielen, und setzen Sie Ihren Fokus darauf, mehr Bedeutung in Ihr Leben zu bringen. Ähnlich wie bei der Meditation gibt Ihnen Tagebuchführen die Chance, Ihre inneren Fähigkeiten zu reflektieren und höhere Selbstliebe und Akzeptanz von innen heraus zu finden.

Fokussieren Sie Ihre Energie darauf, Ihre Gedanken akkurat niederzuschreiben, indem Sie einen freien Geist beibehalten. Erlauben Sie es Ihren Gedanken nicht, abzuschweifen. Denken Sie an all die Dinge, für die Sie dankbar sind. Denken Sie an die Ziele, die Sie erreichen wollen. Stellen Sie sich sich und Ihr Leben vor, nachdem Sie diese Ziele erreicht haben. Was werden Sie dann sagen und tun? Versuchen Sie, sich in Ihr Zukunfts-Ich einzufühlen. Verinnerlichen Sie dieses Gefühl, indem Sie sich vorstellen, Ihr Zukunfts-Ich wäre Ihr jetziges. Als hätten Sie bereits all Ihre Ziele erreicht und wären die Person, die Sie immer schon sein wollten.

Suchen Sie einen ruhigen, besinnlichen und inspirierenden Ort, um Ihr Tagebuch zu schreiben. Dieser Ort sollte frei von Ablenkungen sein, spirituell stimulierend und motivierend. Das kann Ihr liebster Garten sein, in dem Sie sich in Einheit mit der Natur fühlen oder eine spirituell erregte Ecke in Ihrem Haus, die bedeutsam für Sie ist. Im Prinzip jeglicher Ort, an dem Ihre Gedanken frei und ungestört fließen können.

Behandeln Sie Ihr Tagebuch wie Ihren besten Freund und schütten Sie ihm beim Schreiben Ihr Herz aus. Schreiben Sie über Ihren Tag und die Dinge, die Sie an sich selber mögen. Das wird den Prozess der Selbstakzeptanz erleichtern. Jedes Mal, wenn Sie etwas Gutes an sich quittieren, praktizieren Sie Selbstliebe. Sie geben Ihrem Unterbewusstsein die Nachricht, dass Sie daran glauben, wie wundervoll Sie sind, und das, im Einklang mit Ihren Gedanken, kreiert noch mehr Großartigkeit.

Wie Sie Ihr Tagebuch führen wollen, ist eine persönliche Entscheidung. Schlagen Sie einen Stil ein, mit dem Sie sich wohlfühlen. Während manche von uns das Tagebuch nutzen, um Glücksmomente festzuhalten, verwenden es andere, um täglich zu notieren, wofür sie an dem jeweiligen Tag dankbar sind. Jedes Mal, wenn Sie einen schlechten Tag haben, werden Ihnen Ihre Tagebucheinträge wieder ein Lächeln ins Gesicht zaubern. Es schenkt Ihnen ein Gefühl von Frieden und Zufriedenheit, an all die positiven Seiten Ihres Ichs erinnert zu werden. Der Fokus wandert von den negativen Dingen zu den Dingen, die Sie lieben.

Sie können auch ein monatliches Journal anlegen mit verschiedenen Farbcodes, um Ihren Tag zu planen. Wenn Sie zum Beispiel an einem bestimmten Wochentag zum Zumba gehen, wählen Sie eine leuchtende Farbe. Wenn Sie Ihre Aufmerksamkeitsmeditation oder Freiwilligenarbeit planen, wählen Sie eine sanfte Farbe. Ihr Journal sollte einzigartig, persönlich und auf Sie zutreffend sein. Es soll förmlich „Sie" schreien.

Sie können auch über jemanden schreiben, den Sie zutiefst verehren. Diese Person könnte eins Ihrer Geschwister sein, eine Freundin oder eine bekannte Persönlichkeit. Erwähnen Sie ihre bewundernswertesten Eigenschaften. Was inspiriert sie? Welche Hürden haben diese Menschen in ihrem Leben überkommen? Das Beantworten dieser Fragen hilft Ihnen dabei, die Eigenschaften der Menschen aufzunehmen, die Sie inspirieren, was wiederum Ihre Handlungen leitet. Sie akzeptieren, dass diese Menschen, genau wie Sie auch, Makel hatten, die sie überkommen haben.

Sie können Ihr Journal als Tool für ein Leben mit mehr Balance, Liebe und Belohnung benutzen. Zum Beispiel: Ich bin am stolzesten, wenn …….., ich bin dankbar für ………, ich bin am glücklichsten, wenn…….. etc.

Ein Brief mit aufmunternden Worten an Ihr Kinder- oder Jugend-Ich ist ein toller Weg, sich für all die Dinge zu loben, die Sie bereits gemeistert haben. Konzentrieren Sie sich auf die Ereignisse, die Sie glücklich gemacht haben und einen positiven Einfluss auf Ihr Leben hatten. Wie kann der Einfluss von Positivität Ihr Leben verändern? Wenn Sie von Ihrem Ziel abschweifen oder sich selbstkritisch fühlen, lesen Sie Ihre Notizen, um sich wieder auf den richtigen Pfad zu leiten.

Schreiben Sie im Hier und Jetzt. Schreiben Sie Ihre Ziele nicht als etwas auf, das Sie von der Zukunft erwarten. Schreiben Sie so, als würden Sie diese Gaben bereits besitzen. Also, statt darüber zu schreiben, dass Sie sich mehr Liebe in Ihrem Leben wünschen, schreiben Sie, dass Sie sich bereits geliebt fühlen, auch wenn das nicht der Fall ist. Konzentrieren Sie sich darauf, so zu schreiben, als hätten Sie das, was Ihnen momentan im Leben fehlt, bereits erhalten. Das kreiert einen positiveren Kreis, der Ihnen hilft, das zu offenbaren, was Sie gerne hätten.

Kapitel 3: Schluss mit dem Durcheinander

Das Ausrümpeln Ihrer Wohnung oder des Kleiderschranks kann lohnenswerter sein, als Sie glauben. Es schafft nicht nur Platz für das neue Sie, es ist außerdem heilsam für Ihren Geist. Ein ordentlicher Platz reflektiert einen Geist, der frei von Chaos ist. Und das ebnet den Weg zur Selbstakzeptanz und Liebe.

Selbst eine einfache Tat wie das Aufräumen eines Schranks hat einen starken Effekt auf Ihr Wohlsein. Das Wegschmeißen von altem, ungewollten Kram erlaubt Ihnen, Platz für die neuen, aufregenden Sachen zu machen, die Sie in Ihrem neuen Leben erwarten.

Ihre Wohnung ist eine Reflektion Ihres inneren Lebens

Unser Wohnraum ist eine Reflektion unseres inneren Zustands. Je präsenter, ausgeglichener und ruhiger Ihr Leben ist, desto weniger wollen Sie in einem Chaos wohnen. Gewisse Situationen und Umstände sind vielleicht nicht in Ihrer Kontrolle, aber Sie haben Kontrolle über Ihre Einstellung dazu. Selbst wenn Ihr Zustand gerade nicht fantastisch ist, Sie können Ihre Gefühle ändern, indem Sie wählen, in einer sauberen und aufgeräumten Umgebung zu leben.

Schaffen Sie Raum für Neues

Wenn Sie Altes loslassen, schaffen Sie automatisch Raum für Neues. Wenn Sie Ihren Wohnraum ausmisten, reinigen Sie Ihre Seele von alten, schmerzhaften Erinnerungen, negativen Gedanken oder ungewollten Lasten der Vergangenheit. Wenn Sie sich von der Negativität der Vergangenheit befreit haben, können Sie sich all den positiven Dingen der Zukunft öffnen. Das

Loslassen von alten Lasten ermöglicht Ihnen, Raum für Neues zu schaffen. Befreien Sie sich von den negativen Aspekten Ihres Hauses und Geistes, und ersetzen Sie es mit positiveren Gedanken und Gefühlen.

Mindern Sie Angstgefühle

Unordnung ist oftmals ein Indikator für unerledigte und vergessene Aufgaben. Es ist ein Wirrwarr, dass wir zu faul waren, zu konfrontieren oder zu Ende zu bringen. Das Chaos wächst und ragt immer höher über unseren Köpfen hinweg, was zu ängstlichen Gedanken und Handeln führen kann. Angstgefühle, die auf unerfüllte Aufgaben oder negative Erinnerungen zurückzuführen sind, sind kontraproduktiv für die Selbstliebe. Indem Sie angestaute Aufgaben in einer aufmerksamen und bewussten Weise angehen, eliminieren Sie Gefühle von Nervosität und Angst, die Sie davon abhalten, eine selbstbewusstere Person zu sein.

Produktivität ankurbeln

Sobald das Chaos aus dem Weg geräumt ist, gibt es keine physische Hindernisse mehr, die Sie davon abhalten, produktiv und effektiv zu handeln. Sie können wesentlich mehr in einem kürzeren Zeitraum erreichen, wenn Sie nicht ständig im Chaos nach Gegenständen suchen müssen. Stellen Sie sich vor, eine halbe Stunde damit zu verbringen, nur um einen wichtigen Ordner zu suchen, den Sie brauchen, um ein Projekt abzuschließen. Und dann die Deadline verpassen, nur weil Sie die fehlenden Papiere nicht finden konnten.

Ihr Boss ist sauer und hält nicht hinter dem Busch damit, was er von Ihrer unorganisierten Arbeitsweise hält. Was passiert in dem Moment mit Ihrem Selbstbewusstsein? Wenn Sie Ihren Wohn- und Arbeitsplatz ordentlich halten, signalisiert das nicht nur Ihnen selbst, sondern auch dem Universum, dass Sie höchst produktiv und effektiv arbeiten. Das kann ein exzellenter Schub für Ihre Selbstliebe sein, denn es erhöht Ihren Selbstbewusstseinslevel und die Art, wie Sie sich selber sehen.

Eine ordentliche Umgebung zieht Kreativität an

Wenn Sie sich von den Fesseln ungewollter Güter befreit haben, sind Sie offener für positive Energien und Lebenskraft. Kreativität wird durch positive Lebensenergie in Ihr Leben gebracht, wenn es frei und ohne Behinderung fließen kann.

Oft wird der Begriff „Blockade" benutzt, wenn wir nichts kreieren können oder eine Barrikade in unserer Kreativität spüren. Das Beseitigen unseres Durcheinanders entblockt unsere Energie und erlaubt unserer Kreativität, wieder aufzublühen. Wenn Sie kreativ und produktiv sind, erhöht sich Ihr Selbstwertgefühl dramatisch.

Möglichkeiten tauchen auf

Wie oft ist es Ihnen schon passiert, dass Sie eine E-Mail mit einem Geschäftsvorschlag beim Ausmisten Ihres E-Mail-Fachs gefunden haben oder die Kontaktangaben eines alten Arbeitskollegen, der Ihnen gerade behilflich sein könnte? Wie oft haben Sie schon lang vergessenes Geld in Ihrer Jackentasche gefunden? Geld und Möglichkeiten sind zwei der positivsten Nebeneffekte des Ausrümpelns. Sie öffnen sich höheren Energien, Geld und Möglichkeiten während des Prozesses der Chaosbeseitigung.

Befreien Sie sich von alten Lasten

Wenn Sie Geschenke von alten Liebhabern oder Freunden behalten, kann es zur Folge haben, dass es jedes Mal negative Gefühle und Assoziationen hervorruft, wenn Sie den Gegenstand in der Hand halten. Das Entsorgen dieser alten Geschenke hilft Ihnen, sich aus einer Vergangenheit, die keiner Erinnerung wert ist, zu entkommen und sich stattdessen auf die Zukunft zu freuen.

Eventuell haben Sie bestimmte Gegenstände in Ihrem Haus, die Sie an negative Perioden Ihres Lebens erinnern. Das Ausmisten dieser Gegenstände lässt Sie den Schmerz dieser Zeit loslassen. Sie sollten sich nicht mit Dingen umgeben, die einen negativen Vibe ausstrahlen. Behalten Sie keine Gegenstände, die Sie an das erinnern, was bereits geschehen ist. Lieben Sie sich bedingungslos selbst, und seien Sie sich sicher in dem Wissen, dass nur das Beste auf Sie wartet.

Erhöhter mentaler Fokus

Ein ordentlicher Arbeitsplatz gibt Ihnen die Möglichkeit, zu denken, kuratieren, organisieren und Informationen zu verarbeiten. Es erhöht Ihre Konzentrationslevel und Ihren mentalen Fokus. Wenn Sie klar denken, erzielen Sie automatisch bessere Ergebnisse, was wiederum in höherer Selbstliebe resultiert. Ein chaotischer Arbeitsplatz verschlingt Ihre Konzentration und lenkt Sie von den wesentlichen Aufgaben ab.

Fangen Sie klein an

Kreieren Sie eine simple Routine und verpflichten Sie sich dazu, bei der Stange zu bleiben, während Sie die Messlatte stetig höher legen. Fangen Sie damit an, zwei Mal täglich abzuwaschen und den Müll rauszubringen. Selbst diese Kleinigkeiten führen zu einem langfristig ordentlicheren Haushalt und können Angstgefühle reduzieren. Das Erledigen von täglichen Haushaltsarbeiten erfüllt Sie mit einem wunderbaren Gefühl von Zufriedenheit, was Ihr Selbstbewusstsein und Selbstwertgefühl erhöht.

Kapitel 4: Zur Selbstliebe durch Visualisierung

Der Begriff „Visualisierung" ist kein unbekannter, wenn es um die Themen Persönlichkeitsentwicklung, Selbstbewusstsein und Selbstliebe geht. Was aber ist Visualisierung? Visualisierung ist nichts anderes als Kopfkino, bei dem wir reflektieren, wer wir sind oder wer wir sein wollen. Die Idee basiert auf dem soliden Konzept, dass wir das anziehen, woran wir häufig denken. Wenn wir uns also zum Beispiel auf Fülle fokussieren, ziehen wir Fülle an, weil unser Unterbewusstsein und das Universum in Zusammenarbeit mit unseren Gedanken kooperieren.

Jeder unserer Gedanken hat eine Frequenz und, wenn wir diese Gedanken denken, geben wir eine bestimmte Frequenz an das Universum ab, welches uns eine passende Antwortfrequenz schickt. Daher kreieren positive Gedanken eine positive, produktive und belohnende Frequenz, die in einer gleichermaßen positiven von einer vom Universum geschickten Realität resultiert. Negative Gedanken neigen zu einer kontraproduktiven Frequenz, die sich im realen Leben als Hilflosigkeit und Mangel widerspiegelt.

Selbstliebe durch Visualisierung zu praktizieren beinhaltet, sich Dinge vorzustellen, die kraftvolle Signale von Positivität in die Welt der Quantumenergien schickt. Hier sind einige effektive Wege, um Visualisierung zu üben.

Erstellen Sie ein Visionboard

Ein Visionboard ist eine Tafel, die verwendet wird, um Bilder zur Schau zu stellen, die uns helfen, unseren Fokus auf ein bestimmtes Lebensziel oder positive Gedanken zu lenken. Wenn Sie sich z.B. nicht besonders selbstbewusst fühlen, können Sie Ihren Fokus sofort ändern, indem Sie Bilder von

Ihren stolzesten, selbstbewusstesten Momenten auf Ihr Visionboard pinnen. Hängen Sie es an einem Platz auf, an dem Sie es regelmäßig sehen.

Unser Geist reagiert besonders gut auf visuelle Stimuli, was unsere Sinne im Gegenzug für Positivitätsschwingungen schärft. Das hilft uns, all die Dinge anzuziehen, die wir uns vorstellen oder die wir sein wollen. Verwenden Sie bedeutungsvolle und relevante Bilder, die Ihnen wichtig sind. Das können persönliche Fotos sein oder Bilder, die sich mit Ihren positiven Lebenszielen identifizieren können.

Benutzen Sie Zeichnungen, Sticker, Bilder, Artikel aus Zeitschriften – alles, was Ihre Träume visuell darstellt. Suchen Sie sich ein Foto aus, auf dem Sie glücklich aussehen und schreiben Sie rundherum motivierende Zitate, Stichworte oder persönliche Reflexionen. Das Bildmaterial kann etliche Ihrer Lebenswege widerspiegeln. Das wird Ihnen dabei helfen, positiver und zielorientierter zu sein und Ihren Fokus zu verlagern - von dem, was Sie nicht haben, zu dem, was Sie werden wollen. Ihre Handlungen werden mehr in Tandem mit der Person sein, die Sie sein wollen.

Geführte Visualisierung

Geführte Bildsprache oder Visualisierung bedeutet, mit Hilfe von externen Ideen und Vorschlägen in einen Zustand von fokussierten Gedanken gebracht zu werden. Es ist eine Form von Meditation, bei der der Lehrer verbale Anleitungen gibt oder Tonbänder verwendet, um Ihnen bei der Meditation zu helfen, indem er Sie sich visuelle Szenen, Bilder, Töne, Gerüche etc. vorstellen lässt, die eine starke Nachricht von Positivität an Ihr Unterbewusstsein leitet. Es führt Sie in einen erfinderischen Geisteszustand, indem Sie sich die Dinge vorstellen, die Sie an sich lieben, während Sie tiefenentspannt sind.

Geführte Visualisierung ist die einfachste Form von Mediation, da sie weder viel Disziplin, Geschick noch Zeit benötigt. Der Geist kann mit ansprechenden Bildern eines geschulten Lehrers einfach verführt werden. Man kann schnell in eine immersive Trance fallen, ähnlich wie bei der Selbsthypnose. Wenn Sie mit keinem Lehrer zusammenarbeiten wollen, gibt es etliche YouTube Videos, die Ihnen mit geführten Meditationen helfen können. Je glücklicher, positiver und produktiver Ihre Visualisierungen sind, desto mehr werden Sie sich akzeptieren und lieben.

Das Ziel ist, unseren Geist zu leeren und dahin zu leiten, wo wir ihn haben wollen. Sie geben die Anleitung an Ihr Gehirn und lassen Ihre Vorstellung dahin wandern, wo sie will. Visualisierungen bieten fantastische Einblicke in Ihre Gedanken, basierend auf dem Bildmaterial, das Sie sehen.

Aktivieren Sie mehrfache Sinne während des Visualisierungsvorgangs. Stellen Sie sich nicht nur vor, wie Ihr Traumhaus aussieht, sondern auch, wie sich Ihr Sofa in Ihrem Traumhaus anfühlt. Was für Geräusche hören Sie in Ihrem Garten? Wie riecht Ihr Traumhaus? Je detaillierter und genauer Ihre Visualisierungen sind, desto höher sind Ihre Chancen, diese Bilder zu verinnerlichen und Ihre Ziele zu erreichen. Ihr Gehirn erhält ständig Nachrichten und erkennt den Unterschied nicht zwischen real und vorgestellt. Machen Sie einen starken Eindruck, indem Sie Ihre Visualisierungen so darstellend wie möglich gestalten.

Sagen wir z.B., dass Sie bei öffentlichen Reden gerne selbstbewusster auftreten möchten. Wenn Sie geführte oder auch andere Visualisierungsformen üben, üben Sie diese tiefgründig. Wie sieht die Bühne aus, auf der Sie stehen? Wer ist Ihr Publikum? Was tragen Sie? Wie sprechen Sie die Gruppe an? Wie hört sich der Ton an? Wie ist Ihre Körpersprache? Wie reagiert das Publikum auf Sie? Wie gehen Sie mit den Fragen und Widerlegungen um? Wenn Ihr Gehirn bestimmte und klare Signale erhält, werden Ihre Handlungen Hand in Hand mit den Signalen gehen.

Schatzkarte

Dies ist eine Visualisierungsmethode, die sich auf ein einziges Ziel konzentriert. Bleiben wir bei dem Beispiel, dass Sie bei öffentlichen Reden selbstbewusster auftreten wollen. Wenn Sie ein klares Ziel im Kopf haben, fangen Sie an, alle beinhalteten Aspekte zu veranschaulichen. Sie können eine Skizze von sich selbst zeichnen, einer Bühne oder was auch immer Sie mit Ihrem Ziel assoziieren.

Gestalten Sie die Zeichnungen so detailliert und relevant wie möglich. Die Qualität der Zeichnung ist dabei unwichtig. Konzentrieren Sie sich auf Ihre Gefühle, während Sie die Objekte zeichnen. Sie helfen Ihrem Geist damit, den Weg zum Erfolg zu pflastern, während Sie üben, Ihre Pläne auszuarbeiten. Schalten Sie alle Ablenkungen aus und sitzen Sie in friedlicher Stille, während Sie die Schatzkartenmethode anwenden.

Abgewandelte Erinnerungsvisualisierung

Die abgewandelte Erinnerungsmethode konzentriert sich darauf, schmerzhafte Erinnerungen abzuwandeln, um uns von der Last zu befreien, die es uns verbietet, uns selbst zu lieben. Befreien Sie sich von Reue, Groll und Wut, indem Sie vor Ihrem inneren Auge unliebe Szenen der Vergangenheit abspielen. Der Trick dabei: Ersetzen Sie Ihre von Wut und Reue erfüllten Antworten mit sanfteren, ausgeglicheneren.

Es wird einiges an Aufwand kosten, Ihr Gehirn so zu überholen, dass alle negativen Reaktionen durch positive ersetzt werden. Aber wenn Sie diesen Vorgang einige Male wiederholt haben, wird Ihr Gehirn die „bearbeitete" Version abspulen. Die unangenehmen Erinnerungen werden mit der Zeit verblassen. Das wird Ihnen helfen, sich von störenden Erinnerungen zu befreien und mehr Platz für positive, selbstliebende Gedanken zu schaffen. Sie können diese und andere Visualisierungsmethoden mit Tagebuchführen zusammen praktizieren. Schreiben Sie Ihre Gedanken, Gefühle und Reflektionen während Ihrer Visualisierungen auf und dokumentieren Sie, wie sie sich mit der Zeit ändern.

Kapitel 5: Leben Sie Ihre Leidenschaft

Können Sie sagen, dass Sie Ihr Leben lieben? Reizen Ihre Freizeitbeschäftigungen Sie? Jagen Sie nach Möglichkeiten, um Ihre Leidenschaften zu erfüllen? Die Mehrheit der Bevölkerung lebt nicht das Leben ihrer Träume. Sie leben ein Leben der Verzweiflung und des Zwangs, diktiert von den praktischen Grundbedürfnissen. Im Leben geht es darum, seiner Routine zu folgen, Status Quo zu kreieren. Die wenigsten haben das Selbstbewusstsein oder den Mut, ihrer Leidenschaft zu folgen, obwohl das der Schlüssel zu einem erfüllteren Leben ist, das in hoher Selbstliebe resultiert.

Strukturieren Sie Ihr Konzept vom Scheitern um

Der häufigste Grund, dass Menschen ihre Leidenschaft nicht ausleben, kann sich an einem festmachen lassen: Die Angst vorm Versagen. Einer der besten Wege, sich wieder selbst zu lieben ist, etwas zu tun, das man schon immer mal ausprobieren wollte. Ganz ohne sich von seiner eigenen Angst vorm Versagen zurückhalten zu lassen.

Das Umstrukturieren des Konzepts vom Scheitern, wie die Welt es kennt, wird Sie zu einem zufriedeneren und erfüllteren Leben führen. Sobald Sie verstehen, dass Scheitern subjektiv ist, werden Sie sich trauen, die Dinge zu verfolgen, für die Ihre Seele brennt. Für manche bedeutet Erfolg mehr Geld, für andere bedeutet es mehr bereichernde Erfahrungen.

Einige Menschen sehen es als Versagen an, wenn Sie Freiwilligeneinsätze quer über den Globus abwickeln oder Kindern in unterentwickelten Nationen Englisch beibringen. Aber für Sie ist es vielleicht das erfüllendste Gefühl der Welt. Das Umstrukturieren des Konzepts vom Scheitern ist notwendig, wenn es darum geht, Ihre Leidenschaft auszuleben und sich selbst zu lieben.

Begrüßen Sie Risiken und Ungewissheit mit offenen Armen

Der Weg zum Ausleben Ihrer Leidenschaft ist oftmals mit Risiken und Ungewissheit gepflastert. Sie müssen ins Unbekannte treten, ohne das Ergebnis Ihrer Entscheidung zu kennen. Dennoch, ohne berechnetes und gut geplantes Risiko können wir nicht viel Wachstum erwarten. Sie müssen sich an das Risiko und die Ungewissheit gewöhnen, um auf die Schnellstraße Ihres eigenen Potentials zu gelangen.

Folgen Sie Ihren kleinen Leidenschaften

Wenn es darum geht, Ihrer Leidenschaft zu folgen, müssen nicht immer lebensverändernde Entscheidungen getroffen werden. Sie können erst mal kleine Brötchen backen, indem Sie sich einen lang gehegten Wunsch erfüllen. Sie wollten zum Beispiel schon immer eine andere Sprache lernen oder Bauchtanz, Singunterricht nehmen oder Meister der italienischen Küche werden. Es ist nie zu spät, diese Leidenschaften auszuleben. Nehmen Sie sich Zeit für diese Aktivitäten, um eine neue Welle von Positivität zu spüren. Wenn Sie die Dinge erlernen, die Sie schon immer lernen wollten, werden Sie von Stolz und einem Gefühl von Vollbringung erfüllt, was wiederum Wunder für Ihr Selbstbewusstsein bewirken kann.

Erweitern Sie Ihre gleichgesinnte Gemeinschaft

Wenn Sie Ihre Reise zur Erfüllung Ihrer Leidenschaften beginnen, werden Sie einige passionierte, enthusiastische Menschen treffen, die die gleichen Ziele teilen. Diese Menschen werden Teil einer starken Gemeinschaft, in der Sie sich gegenseitig unterstützen und aufbauen können. Sie erweitern Ihren Horizont, geben neue Denkanschübe und bieten kreative Lösungen an.

Das hilft Ihnen nicht nur, ein erfüllteres Leben für Sie selbst zu gestalten, sondern auch bei der Transformation in ein selbstsicheres, weiterentwickeltes und bewusstes Individuum.

Höheres Selbstbewusstsein

Wenn Sie Ihre Passion erkunden und jagen, lernen Sie eine Menge über sich selbst. Sie werden herausfinden, worin Sie besonders gut und was Ihre tiefsten Wünsche sind. Sie werden einen wahren Einblick in Ihre Persönlichkeit, Eignung, Intelligenz und Fähigkeiten bekommen. Wenn Sie sich von innen heraus kennen, ist es einfach, Ihre positiven Aspekte zu feiern und die negativen zu akzeptieren. Selbstbewusstsein steigert die Fähigkeit, sich selbst bedingungslos zu lieben.

Fordern Sie sich selbst heraus

Wann haben Sie sich das letzte Mal selbst herausgefordert, indem Sie Ihre Komfortzone verlassen haben? Wann haben Sie das letzte Mal etwas getan, wovor Sie Angst haben? Wann haben Sie das letzte Mal etwas erreicht, von dem Sie dachten, dass Sie es nie schaffen könnten?

Ihre Leidenschaft zu jagen bedeutet, sich selbst herauszufordern. Es erlaubt Ihnen, Ihr unbewusstes Potential auszuschöpfen. Wenn Sie etwas ausprobieren, zu dem Sie in der Vergangenheit nie den Mut hatten, schauen Sie Ihrer Angst direkt ins Gesicht. Sie beweisen sich selbst, dass Sie unbegrenzte Reserven an Mut in sich tragen. Das ist der ultimative Selbstliebebooster.

Werden Sie Teil einer Bewegung

Nur wenige Dinge im Leben haben denselben Feel-Good-Faktor wie einen Unterschied in den Leben anderer zu machen. Wenn Sie einem Individuum, das weniger Glück im Leben hat als Sie, helfen, kreieren Sie einen kraftvollen Kreis der Liebe. Unterstützen Sie eine Bewegung, die eine persönliche Bedeutung für Sie hat. Nehmen Sie sich die Zeit, diese Bewegung zu unterstützen, indem Sie Ideen beisteuern und somit das Leben anderer einfacher machen. Nichts ist so zufriedenstellend wie Ihre eigene Expertise einzusetzen, um anderen zu helfen.

Wenn Sie tief am Geben beteiligt sind, werden Ihre Selbstliebelevel in die Höhe schießen und Ihr Geist wird angehoben. Außerdem werden Sie dankbarer sein für die Gaben, die Sie bereits in Ihrem Leben haben und für alles, was Sie sind.

Kapitel 6: Lernen Sie, Nein zu sagen

Wie viele andere Menschen, die ein geringes Selbstbewusstsein haben, finden auch Sie es vielleicht schwer, Nein zu sagen. Ihre Unfähigkeit, Nein zu sagen, resultiert darin, dass andere Sie ausnutzen oder ihre Prioritäten vor Ihre setzen. Das führt oft dazu, dass Sie mehr Verantwortung annehmen, als Ihnen lieb ist, und Ja zu Aufgaben sagen, die Sie eigentlich gar nicht machen wollen.

Diese Aufgaben, die Sie mit Groll erfüllen, führen zu Gefühlen von Überwältigung, Angst und Burn-Out. Die aufsteigenden Gefühle von Depression, Wut und Unmut für sich selbst und andere kann ein großer Hieb sein, wenn es darum geht, sich selbst zu lieben. Lernen, Nein zu sagen, ist ein wichtiger Schritt auf Ihrer Reise zur Selbstliebe.

Verwechseln Sie Nein zu sagen nicht mit Egoismus

Nein zu sagen bedeutet nicht, dass Sie selbstsüchtig sind. Es bedeutet einfach, dass Sie sich selbst genug respektieren, um etwas abzulehnen, wozu Sie gerade nicht die Zeit oder Energie haben. Das kann z.B. bedeuten, nicht das Arbeitspensum Ihres Kollegen anzunehmen oder die Einladung zum Ausgehen mit Freunden nach einem langen Arbeitstag.

Wenn Sie zu allem Ja sagen, bedeutet das nicht, dass Sie selbstlos sind. Es bedeutet vielmehr, dass Sie andere Menschen Ihr Selbstbewusstsein unterdrücken lassen, indem Sie Ihnen erlauben, Ihren Wünschen gegenüber nur wenig Respekt zu zeigen.

Durchsetzungsfähigkeit ist nicht dasselbe wie Egoismus. Egoismus ist, wenn Sie sich und Ihre Bedürfnisse ständig über das anderer Menschen stellen.

Durchsetzungsfähigkeit bedeutet, dass Sie nicht ständig dem Druck anderer nachgeben. Kreieren Sie eine Balance, in der Sie nicht hinten anstehen.

Keine Schuldgefühle für Ihre Prioritäten

Wenn Sie jemand bittet, etwas zu tun oder zu sagen, womit Sie nicht einverstanden sind, ist es Ihr absolutes Recht, dieser Person Ihre wahren Gefühle mitzuteilen - ohne ein schlechtes Gewissen zu haben. Wenn Sie keine Zeit haben, dann teilen Sie der betroffenen Person höflich mit, dass Ihre Zeit gerade knapp ist oder dass Sie etwas Wichtigeres zu tun haben. Das erlaubt Ihnen und anderen, Sie mehr zu akzeptieren und reduziert das Gefühl, dass andere Sie ausnutzen. Erklären Sie freundlich und höflich, dass die gefragte Aufgabe nicht Ihre Verantwortung ist und dass Sie bereits genug zu erledigen haben. Wenn Sie Nein sagen, zeigen Sie Bedeutung gegenüber Ihren Prioritäten und lassen sich nicht von anderen herumschubsen.

Verwenden Sie Verzögerungstaktiken

Wenn Sie nicht in der Lage sind, sofort Nein zu sagen, und Sie mehr Zeit brauchen, sagen Sie der betroffenen Person einfach, dass Sie später Bescheid geben. Das gibt Ihnen mehr Zeit, um über die Antwort nachzudenken. Wenn Sie der Person Bescheid geben (und es ist wichtig, dass Sie das selbstbewusst tun), geben Sie eine klare, deutliche Antwort. Sie können gut mit der Situation umgehen, ohne es den anderen immer recht zu machen.

Persönliche Grenzen sind notwendig, um sich selbst zu lieben

Persönliche Grenzen sind individuell. Daher nehmen viele Menschen an, dass wenn sie mit etwas kein Problem haben, dass auch Sie keins damit haben sollten. Diese Menschen sehen Ihre Akzeptanz als selbstverständlich an, basierend auf ihren Wertesystemen. Kreieren Sie Ihre persönlichen Grenzen und bleiben Sie Ihren Werten treu. Das ist einer der besten Wege, sich selbst

Selbstliebe und Akzeptanz zu zeigen. Sie haben das Recht, zu allem, was gegen Ihre Moral spricht, Nein zu sagen, und Menschen sollten Ihre Ansichten respektieren.

Sie haben jedes Recht, alles was an Ihrer Energie zehrt oder Sie ablenkt, zu verweigern. Indem Sie bestimmte Grenzen setzen, zeigen Sie sich mehr Respekt für Ihre eigenen Bedürfnisse. Sie haben z.b. die Regel, dass Sie unter der Woche nicht Party machen gehen, damit Sie ausgeschlafen sind für die Arbeit am nächsten Tag. Ihre Freunde allerdings versuchen, Sie zu überreden, unter der Woche mit ihnen auszugehen, da ihre Prioritäten nicht darin liegen, ausgeschlafen auf der Arbeit zu erscheinen. Sie können das Angebot ausschlagen, denn Ihre Priorität liegt bei Ihrer Arbeit und Sie kennen Ihre persönlichen Grenzen.

Es funktioniert vielleicht nicht sofort

Sie finden es am Anfang vielleicht schwer, selbstbewusst Nein zu sagen. Besonders, wenn Sie sonst immer Ja sagen. Aber mit Geduld und Übung wird es Ihnen von Mal zu Mal leichter fallen. Ihr Selbstbewusstseinslevel wird in die Höhe schießen, was in höherer Selbstliebe resultiert.

Schauen Sie nicht zurück

Wenn Menschen, denen es schwerfällt, Nein zu sagen, eine selbstbewusstere Haltung einnehmen und Dinge verweigern, die ihnen nicht zusagen, dann überkommt sie oft ein Gefühl von Schuld. Anstatt sich schuldig zu fühlen, konzentrieren Sie sich auf die positiven Gefühle.

Fühlen Sie sich nicht weniger ausgelaugt, gestresst und belastet? Fühlen Sie sich nicht erleichtert, dass Sie mehr Zeit für produktive Aufgaben haben? Fokussieren Sie sich auf die positiven Gefühle und schieben Sie die negativen zur Seite. Anstatt über Ihre Entscheidung nachzudenken, Nein gesagt zu haben, akzeptieren Sie es und schreiten Sie voran.

Entfernen Sie sich von Menschen, die Sie nicht respektieren

Vermeiden Sie Menschen, die Ihnen und Ihren Prioritäten keinen Respekt zeigen, und die sie nur benutzen, um ihre eigenen Bedürfnisse zu stillen. Diese Menschen saugen nicht nur Ihre Energie, sondern auch an Ihrem Selbstbewusstsein. Ist Ihnen schon mal aufgefallen, dass sich manche Leute nur bei Ihnen melden, wenn sie etwas brauchen? Die Menschen, die nie ein Nein akzeptieren können? Und schlimmer noch, die Menschen, die versuchen, Sie emotional zu manipulieren. Sie brauchen diese Energiesauger nicht in Ihrem Leben.

Umgeben Sie sich stattdessen mit Menschen, die Ihre Gegenwart schätzen. Wenn Sie Menschen erlauben, Sie schlecht zu behandeln, zeigen Sie sich selbst wenig Respekt. Wenn Sie diesen Menschen gegenüber Ihre Meinung sagen und ihnen den Weg zur Tür weisen, erhöht sich automatisch auch Ihr Selbstliebequotient.

Kapitel 7: Unvergleichlich - Gegenüberstellung mit anderen war gestern

Der Vergleich mit anderen ist mittlerweile die Norm geworden - besonders seit dem Aufkommen der Social-Networking-Sites und der erhöhten Exposition gegenüber den digitalen Medien. Wir werden ständig mit Posts und Fotos bombardiert, die uns mitteilen, wo unsere Freunde auf Urlaub sind oder was für eine wunderbare Beziehung sie führen. Menschen werden Opfer von Selbstkritik und Vergleich, wenn sie beginnen, ihr Leben basierend auf den Leben anderer zu bewerten.

Wir fallen in den Zyklus des Vergleichens. Alles von unseren Noten und der Popularität bis hin zu sozialem Status ist für jedermann aufgrund der Medien und Social-Networking-Sites einsehbar. Unsere Leistungen erscheinen oft blasser im Vergleich zu dem, was andere erreicht haben, und wir scheinen nie gut genug zu sein, wenn es darum geht, wer am meisten Geld verdient oder am besten aussieht.

Wenn wir uns mit anderen vergleichen, tun wir das oft ohne einen festen Bezugspunkt. Wir sehen uns als Versager und das verstärkt den Mangel an Selbstbewusstsein. Unsere Handlungen werden direkt von den Gefühlen der Unzulänglichkeit beeinflusst.

Wenn wir uns vom Vergleich mit anderen abwenden, handeln wir mehr aus dem vorherrschenden Gefühl der Wertschätzung und Dankbarkeit für unsere Gaben, die unser Handeln positiver, dankbarer und produktiver gestalten. Wenn Sie sich auf das konzentrieren, was Sie nicht haben, zeigen Sie wenig Vertrauen in Ihre Fähigkeiten.

Vergleiche sind Energiesauger

Vergleiche sind Energiesauger und direkt mit Symptomen von Depression und Angst verbunden. Sie senken unsere produktive Energie, indem wir den Fokus von uns auf das verlagern, was andere tun und geschafft haben. Dies führt zu einem ungesunden Zyklus, in dem wir versuchen, dasselbe wie die anderen zu erreichen. Wenn wir bewusst das Muster des Vergleichens von unserem Leben mit dem anderer brechen, bauen wir eine größere Verbindung mit uns auf und konzentrieren uns darauf, unser wahres Potential zu verwirklichen. Dies beseitigt jegliche Gefühle, wir seien Versager, und stärkt unser Selbstvertrauen und Selbstwertgefühl.

Erkennen Sie Ihre Stärken und Schwächen

Anstatt sich der populären Wahrnehmung von Perfektion oder den von der Gesellschaft definierten Normen zu unterwerfen, kann Selbstliebe praktiziert werden, indem Sie Ihre individuellen Stärken und Schwächen anerkennen. Liebe oder Akzeptanz hat nichts mit dem perfekten Körper, hoher Intelligenz oder viel Geld zu tun. Es geht darum, zu wissen, dass niemand perfekt ist und wir alle Stärken haben, die wir feiern sollten, und Schwächen, die wir akzeptieren müssen.

Jeder Mensch kämpft mit seinen eigenen Dämonen und hat Sachen, die er liebend gerne an sich ändern würde. Wir sehen oft das Gute in anderen und ignorieren unsere eigenen Gaben, nach denen sich andere sehnen würden. Haben Sie je über die einzigartigen Fähigkeiten nachgedacht, die Sie besitzen, für die andere morden würden? Wenn wir uns mit anderen vergleichen, greifen wir oft Aspekte heraus, in denen uns die anderen weit überlegen sind. Sie können noch so viele Aspekte haben, in denen Sie der anderen Person überlegen sind, aber wir haben die Tendenz, die herauszupicken, die uns in einem weniger schmeichelhaften Licht zeigen.

Selbstliebe und Vertrauen kommen mit der Akzeptanz unserer Stärken und Schwächen. Ständig vergleichen wir uns mit anderen und egal, wie unwiderstehlich es auch erscheinen mag, der Vergleich indiziert nur ein Gefühl von Unzulänglichkeit und Negativität. Anstatt sein zu wollen wie die anderen, sollten wir uns darauf konzentrieren, unser größtes Potential zu erreichen. Manchmal sehen Sie nur die äußere Oberfläche von etwas, ohne die wahre Geschichte und den Kampf dahinter zu kennen.

Das Gleiche gilt für Sie - beschämen Sie niemanden

Genau wie Sie sich nicht durch den Vergleich mit anderen runterziehen lassen sollten, sollten Sie andere nicht durch den Vergleich mit Ihnen selbst beschämen. Eine der transparentesten Reflektionen unseres Selbstbewusstseins, Selbstwertgefühls und der Selbstliebe ist die Art, wie wir andere behandeln. Wenn wir uns glücklich und zufrieden in unserer Haut fühlen, haben wir nicht das Bedürfnis, Menschen kleinzureden oder sie runterzuziehen.

Selbstbewusste Menschen freuen sich über die Erfolge anderer, motivieren sie und versuchen, eine kollaborative statt konkurrierende Basis mit anderen Menschen zu etablieren. Wir fühlen uns weniger unsicher oder von anderen bedroht, wenn wir von unseren Fähigkeiten überzeugt sind. Menschen mit einem gesunden Selbstbewusstsein fühlen nicht die Notwendigkeit, andere runterzuziehen, um sich selber gut zu fühlen.

Suchen Sie nach Inspiration - ohne Vergleich

Sie können immer zu anderen aufsehen, wenn es um Inspiration geht - ganz ohne Vergleiche. Stellen Sie Fragen an Personen, deren Arbeit Sie bewundern. Finden Sie ihre wirklichen Geschichten und Kämpfe heraus und lernen Sie von ihrer Reise, ohne sich mit ihnen zu vergleichen. Wenn Sie sich mit anderen vergleichen, ist es hilfreich, zu wissen, welche Vergleiche eine negative Selbstwahrnehmung bewirken und welche zu positiven Transformationen führen.

Dankbarkeit zeigen

Nichts fasst das Wort Dankbarkeit besser zusammen als dieses oft zitierte Zitat: „Ich weinte, weil ich keine Schuhe hatte, bis ich einen Mann traf, der keine Füße hatte." Wir neigen dazu, unsere Energien darauf zu beschränken, uns über das zu beklagen, was uns fehlt. Dankbarkeit aber erlaubt Ihnen, dankbar für das zu sein, was Sie haben, anstatt über das traurig zu sein, was Sie noch nicht haben. Es erlaubt Ihnen, die Geschenke des Lebens zu sehen und zu schätzen und Ihre Energie darauf zu konzentrieren, was Sie haben und die anderen vielleicht nicht.

Anstatt sich wegen Dingen, die Sie erreichen wollen, inkompetent zu fühlen, versuchen Sie stattdessen ein Gefühl der Zufriedenheit und Erfüllung über die Gaben zu empfinden, die Ihnen verliehen wurden. Es erlaubt Ihnen, zu erkennen, dass Sie mit reichlich Güte gesegnet wurden und dass es noch zu mehr kommen kann. Dies hilft Ihnen, sich in einem positiven Licht zu sehen, und stärkt Selbstliebe.

Selbstvergleich

Seien Sie eine erstklassige Version von sich selbst anstatt eine zweitklassige Version von jemand anderem - haben Sie diesen Spruch nicht schon unzählige Male gehört? Streben Sie danach, stets die Superlative Ihres Selbst zu sein. Nicht nur für Sie selbst, sondern auch zur Bereicherung anderer Leben. Verpflichten Sie sich dazu, jeden Tag zu wachsen. Neue Fähigkeiten zu erlernen. Feiern Sie die kleinen Erfolge. Werden Sie nicht zum Opfer des Vergleichens mit anderen.

Ändern Sie Ihre Einstellung

Wenn Sie Unzulänglichkeit spüren, heraufgebracht durch Vergleich mit anderen, dann versuchen Sie, Ihre Einstellung zu ändern. Machen Sie einen langen Spaziergang. Gehen Sie zur lokalen Bibliothek oder besuchen Sie eine Kunstgalerie. Eine Veränderung unserer Umgebung resultiert oft in einer Veränderung unserer Gedanken und Wahrnehmung. Tun Sie etwas, das Ihre Seele bereichert, etwas, das Ihnen hilft, aus dem Zyklus der Negativität und des Vergleichens auszubrechen.

Wenn Sie sich aus einer Umgebung entfernen, die Vergleiche brütet, öffnen Sie sich selbst für mehr selbstnährende Erfahrungen. Manchmal ist alles, was wir brauchen, eine förderlichere Einstellung, um unsere Gedanken und Wahrnehmung zu verändern. Wir brauchen mehr positive Energie, um uns zu inspirieren und innerhalb unseres Potentials zu handeln. Haben wir nicht alle diesen Freund oder diesen einen Ort, den wir aufsuchen, wenn wir uns nicht gut und motivationslos fühlen?

Weniger Konkurrenz und mehr Zusammenarbeit

Im Leben geht es nicht immer darum, zu gewinnen oder zu verlieren. Wenn Sie sich von dem Gedanken befreien, dass es immer darum geht, zu gewinnen, werden Sie positiver sein und sich selbst akzeptieren. Menschen, die immer konkurrieren, erleben oft große Enttäuschungen, weil sie ständig versuchen, ihre Erwartung an sich selbst zu übertreffen. Das kann ein massiver Selbstliebedämpfer sein.

Es gibt Menschen, die eine überwältigende Notwendigkeit verspüren, unter allen Umständen gewinnen zu müssen, was zur Beschädigung des Selbstwertgefühls führt. Wenn wir uns von den Fesseln des Sieges befreien, werden Sie merken, dass es Wichtigeres in unserem und den Leben anderer gibt, das unser Sein bereichert und zu größerer Selbstliebe führt.

Leute, die kooperativ und nicht konkurrenzfähig sind, sehen das Gute im Menschen und bilden eine positive Umgebung. Die Erfüllung eines kollaborativen Ziels wird höher angesehen als einzelne Siege oder Leistungen. Solche Menschen bauen auf Vertrauen und Selbstbewusstsein und sehen andere nicht als potentielle Bedrohungen. Sie fördern die Beiträge anderer. Ändern Sie Ihre Einstellung von Wettbewerb auf Zusammenarbeit, um größere Positivität, Vertrauen und Selbstliebe zu erleben.

Vergleiche helfen Ihnen nicht, Ihre Ziele zu erreichen

Häufig beklagen wir uns darüber, dass jemand wohlhabender, besser aussehend oder beliebter ist als Sie. Dieses Verhalten ist sehr zeitraubend und unnütz. Wenn Sie ein Leben Ihrer Zeit führen wollen, würden Sie gut daran tun, sich auf Ihre Werte und Fähigkeiten zu konzentrieren.

Machen Sie eine Selbsteinschätzung, wenn Sie Ihre Ziele wirklich erreichen wollen. Wer wollen Sie sein? Welche Art von Beziehungen wollen Sie im Idealfall führen? Welche Erfahrungen, Belohnungen und Erfolge schätzen Sie am meisten? Wie möchten Sie, dass sich andere an Sie erinnern? Was sind die Dinge, die eine hohe Bedeutung in Ihrem Leben haben?

Verwenden Sie diese individuellen Werte als Maßstab für die Erfüllung Ihrer Ziele, anstatt die Leistungen anderer als Barometer zu verwenden, um ein Gefühl der Selbstliebe zu spüren. Wenn Sie Ihre eigenen einzigartigen Werte schätzen, die eine tiefe Bedeutung für Sie haben, feiern Sie sich selbst im Gegensatz zu einer Nachbildung von jemand anderem.

Halten Sie Ihre Ziele realistisch

Nun ja, Sie wollen vielleicht der nächste Präsident werden oder die Welt erobern, aber höchst unrealistische Ziele werden nur Ihre Suche nach Selbstliebe niederschlagen. Von Menschen, die Großes erreicht haben, inspiriert zu werden, ist wunderbar, aber Sie müssen sich Ihrer Stärken, Schwächen und Umstände bewusst sein, um Ihre Ziele zu erreichen und Enttäuschungen zu vermeiden.

Beginnen Sie mit kleinen und erreichbaren Zielen, anstatt mit überwältigenden, die Sie nicht verwirklichen können. Damit können Sie das Gefühl der Erfüllung genießen und es motiviert Sie, größere Ziele anzustreben. Wenn Sie mit kleinen Zielen positive Ergebnisse erreichen, werden Sie dadurch unweigerlich angetrieben, größere Ziele zu verfolgen.

Wenn Sie zu Beginn höchst unrealistische und große Ziele anstreben, fühlen Sie sich gestresst und belastet durch die geringe Aussicht, Ihr Ziel zu erreichen, was wiederum den Zyklus der Unzulänglichkeit fortsetzen wird.

Akzeptieren Sie Dinge, die nicht geändert werden können

Sie bewundern vielleicht das heißeste Supermodel des Jahres. Sie ist schön, groß und rundum vollkommen. Allerdings ist es töricht, an sich zu mäkeln, weil man selbst nicht so groß oder schön ist. Es gibt einige Dinge, wie unsere physische Erscheinung, die außerhalb unserer Kontrolle sind. Wir können es nicht ändern. Unrealistische Vergleiche bei Dingen, über die Sie absolut keine Kontrolle haben, sind zwecklos. Es gibt nichts, was Sie dagegen tun können. Wenn überhaupt, macht es uns nur mehr miserabel.

Anstatt sich auf sogenannte Fehler zu konzentrieren, die Sie nicht über sich selbst ändern können, warum konzentrieren Sie sich nicht auf Ihre Stärken oder positiven Aspekte?

Sich selbst zu lieben bedeutet, sich nicht in Sachen hineinzusteigern, die einfach nicht geändert werden können, und sich stattdessen darauf zu konzentrieren, was in unserer Kontrolle liegt. Sind Sie übergewichtig ohne einen medizinischen Grund? Nun, die gute Nachricht ist, Sie können das mit diszipliniertem Essen und einer konsequenten Sportroutine ändern. Konzentrieren Sie sich auf das, was Sie ändern können, und arbeiten Sie daran, diese Aspekte in Angriff zu nehmen.

Verstehen Sie, dass das, was Sie als Fehler ansehen, oft eine Tugend für jemand anders sein kann? Während Sie morden würden, um Ihre Hautfarbe aufzuhellen, würde jemand anders für einen alljährlichen dunklen Teint morden. Es gibt kein universelles Gut oder Schlecht. Wenn wir Vergleiche ziehen, vergessen wir, Dinge subjektiv zu betrachten. Sogar Ihre sogenannten Mängel tragen zu Ihrer Einzigartigkeit bei. Sie machen Sie besonders.

Akzeptieren Sie Komplimente mit Anmut

Wie oft haben Sie jemandem ein Kompliment gemacht, nur um von der Person zu hören, dass sie nicht so gut wie xx oder yy ist? Nervt es Sie nicht auch, wenn die Menschen so selbstkritisch sind? Wenn Ihnen jemand ein aufrichtiges Kompliment gibt, nehmen Sie es herzlich an, anstatt es beiseite zu bürsten.

Das nächste Mal, wenn Ihnen jemand ein Kompliment macht, vermeiden Sie es, das Kompliment zu beurteilen oder zu bewerten oder sogar etwas Selbstkritisches über sich zu sagen. Wenn jemand sagt, dass Sie fabelhaft sind, glauben Sie der Person, dass Sie fabelhaft sind.

Schmälern Sie sich nicht selbst oder verzichten auf das Kompliment, nur weil Ihnen der Gedanke, fabelhaft zu sein, unbehaglich ist. Nehmen Sie das Kompliment anmutig an und stehen Sie zu sich selbst. Das hilft Ihnen, sich noch mehr zu schätzen, zu respektieren und zu lieben.

Bauen Sie ein positives und anspornendes Netzwerk

Erstellen Sie ein ermutigendes und positives Unterstützungsnetzwerk mit Menschen, die Sie motivieren, Ihr vollstes Potential auszuleben, anstatt mit denen, die Sie runterziehen, indem sie sich ständig mit Ihnen und anderen vergleichen. Unfaire Vergleiche durch andere können ein großer Schlag für Ihr Selbstvertrauen und die Selbstliebe sein.

Wir haben alle sogenannte Wohltäter, die immer „gut gemeinte" Ratschläge verteilen, die aber immer den gegenteiligen Effekt haben. Sie wollen nicht immer gesagt bekommen, was Sie hätten tun sollen anstatt dem, was Sie tatsächlich getan haben.

Die Energie der Menschen, mit denen Sie ständig interagieren, ist ansteckend. Bewusst oder unbewusst beginnen Sie, so wie Ihr Gegenüber zu denken, fühlen und sich zu verhalten. Wenn Sie mit einer positiven Gruppe von Menschen interagieren, wird Ihre Denkweise in die positive Spur umgeleitet. Sie beginnen, an Möglichkeiten zu denken statt an Hindernisse. Sie werden mächtigen und inspirierenden Ideen vorgestellt.

Oft sind die Menschen, die versuchen, Sie zu entmutigen, diejenigen, die unter einem geringen Selbstwertgefühl und Mangel an Vertrauen an sich selbst leiden. Sie glauben nicht, dass sie etwas erreichen können, und denken daher, dass das auch für Sie unmöglich ist. Wenn die Menschen sich nicht selbst in der Lage sehen, ein Ziel zu erreichen, werden sie ihr Bestes tun, um andere Menschen daran zu hindern, ihre Ziele zu verfolgen. Lassen Sie Ihre Handlungen nicht durch ihre Negativität geführt werden.

Beschränken Sie Ihre Interaktion mit solchen Leuten auf ein Minimum und umgeben Sie sich mit selbstbewussten, unterstützenden und positiven Menschen, die Sie zielorientiert fördern.

Kapitel 8: Positives Denken und Selbstgespräche

Wir reden mit uns selbst mehr, als wir mit anderen sprechen, auch wenn es erst mal nicht sehr offensichtlich scheint. Es gibt immer einiges an innerem Geschwätz und Konversation in unserem Geist - so wie die unterhaltsamen Gedankenblasen in Comics. Dies geschieht so unbewusst, dass wir es meistens gar nicht merken, dass wir tatsächlich mit uns selbst sprechen. Einer der negativsten Aspekte dieser Selbstgespräche ist, dass sie eher dazu neigen, mehr auf die negative Selbstkritik als auf Positives zu verweisen.

Wir denken z.B. auf Partys darüber nach, ob unsere Kleidung oder unser Aussehen zu den anderen gut gekleideten Gästen passt oder dass wir nicht so beliebt sind wie unser bester Freund in der Schule oder nie eine Aufgabe so gut wie unser Kollege abschließen können. Diese negativen Gedanken und das selbstkritische Selbstgespräch ziehen unseren Geist oft runter und verhindern, dass wir uns auf unsere positiven Aspekte konzentrieren.

Die innere Stimme hat eine riesige Bedeutung, wer Sie sein werden, und die Art und Weise, wie Sie Ihr Leben leben. Obwohl wir es nicht bewusst wahrnehmen, hebt das positive Selbstgespräch unseren Geist sofort an, stärkt das Vertrauen und hält uns körperlich und emotional fit.

Negative Selbstgespräche entwickeln ein Muster

Wenn sich unser geistiges Geschwätz um Beschwerden, Kritik, Jammern und die Angst dreht, nicht gut genug zu sein, wird ein schädliches Muster geschaffen. Die negativen Gedanken erreichen unser Unterbewusstsein und beginnen, uns zu beeinflussen, um mit mehr Stress, Schuldgefühlen und Schmerzen umzugehen. Das behindert natürlich unsere Suche nach Selbstliebe und Selbstwertgefühl. Unsere Handlungen sind eng mit unseren Gedanken verbunden, und ein negatives Selbstgespräch beeinträchtigt uns nur dabei, unsere Ziele zu erreichen und ein erfülltes Leben zu leben.

Positive Selbstgespräche transformieren die Weise, wie Sie sich selbst wahrnehmen

Wenn Sie sich ständig von den positiven Aspekten Ihres Ichs erzählen oder wie wunderbar Sie sind, werden Sie Ihre Ansichtsweise verändern. Ihre Selbstwahrnehmung kann eine dramatische Veränderung erfahren, wenn Sie über sich selbst positiv denken und sich dem positiven Selbstgespräch hingeben. Die negativen Elemente in Ihrem Leben werden allmählich abnehmen. Positives Selbstgespräch kann Sie dazu befähigen, Ihr Leben zu verändern, und Ihnen ermöglichen, größere Selbstliebe zu erfahren.

Beginnen Sie damit, Ihrer eigenen Stimme zuzuhören

Sobald Sie anfangen, bewusst zu beachten, was Sie sich selber erzählen, können Sie Ihre Gedanken und Selbstgesprächsmuster identifizieren. Wenn Sie sich immer mit anderen vergleichen oder darüber reden, nicht gut genug zu sein oder nie etwas zu tun, ist es an der Zeit, den Ton Ihrer inneren Stimme bewusst zu verbessern. Eine der besten Möglichkeiten, dies zu tun, ist, sich täglich eine Auszeit zu nehmen, um Ihre vorherrschenden Gedanken zu hören und sie aufzuschreiben.

Ändern Sie Ihr Selbstgespräch

Negative Selbstgespräche durch positive zu ersetzen ist nicht allzu schwierig, sobald Sie in die Gewohnheit kommen, Ihre Gedanken zu kontrollieren. Zum Beispiel jedes Mal, wenn Sie denken, dass Sie nie in der Lage sein werden, eine bestimmte Aufgabe zu meistern, dann ändern Sie Ihren Gedankenfokus und überlegen stattdessen, was Sie tun können, um die Aufgabe zu erfüllen. Vermeiden Sie negative und definitive Wörter. Suchen Sie nach Lösungen, die offen sind und Ihnen helfen, eine positive Torsion zu einer scheinbar unmöglichen Situation hinzuzufügen. Sie werden überrascht sein, was Sie mit dieser einfachen Gewohnheit erreichen können.

Das häufigste negative Selbstgespräch ist, wenn Sie sich sagen, dass Sie etwas nicht können. Wenn Sie denken, dass Sie etwas nicht können oder etwas unmöglich ist, kreieren Sie eine geistige Blockade, die Sie von der Erfüllung der Aufgabe, die Sie sonst erfolgreich meistern könnten, abhält. Konzentrieren Sie sich in Ihren Selbstgesprächen auf Optionen, Lösungen und Möglichkeiten.

Positive Affirmationen

Affirmationen sind positive Aussagen, die Sie wiederholen, um ein gewünschtes Ergebnis zu erzielen. Sie sind in der Regel kurz, konzentriert und praktisch. Wenn Sie diese Anweisungen mehrmals wiederholen, kreieren Sie einen Pfad zu Ihrem Unterbewusstsein. Dies eröffnet wiederum die Möglichkeit, neue Gedanken und Handlungen auszuleben, die von diesen Gedanken geleitet werden.

Einer der wichtigsten Aspekte von positiven Affirmationen ist, dass sie laut ausgesprochen mit den richtigen Gefühlen verinnerlicht werden müssen. Sie können es nicht einfach in einem toten Ton ablesen, ohne es zu fühlen. Wenn Sie Ihre Affirmationen mit vollkommenem Glauben aufsagen, dann werden diese direkt an unser Unterbewusstsein weitergeleitet. Unser Geist wird von den positiven Affirmationen geführt und erlaubt uns daher, mit ihnen im Einklang zu arbeiten.

Wenn Sie den Prozess der positiven Affirmationen beginnen, sind Sie wahrscheinlich erst mal skeptisch. Sobald Sie sich jedoch daran gewöhnen, Ihre Affirmationen jeden Tag laut zu wiederholen, wandelt sich die Negativität in

Glauben an sich selbst um.

Entfernen Sie negative Einflüsse um Sie herum

Manchmal zwingen uns die Einflüsse um uns herum, unsere Gedanken auf eine bestimmte Weise zu lenken. Wenn es zu viele negative Einflüsse in Ihrem Leben gibt, neigen Ihre Gedanken dazu, giftiger und erniedrigend zu sein. Bewusst oder unbewusst beginnen wir, wie die Menschen um uns herum zu denken. Wir beginnen, ihre gefährlich negativen Muster anzunehmen. Das können Ihre Familienmitglieder oder enge Freunde oder Kollegen sein.

Sobald Sie die negativen Einflüsse identifizieren, begrenzen Sie den Kontakt mit den giftigen Personen. Vermeiden Sie es, Ihre Träume oder Pläne und Ziele mit Menschen zu teilen, die immer unsicher sind und Ihre Ziele kritisieren. Umgeben Sie sich stattdessen mit Menschen, die Ihnen mit ihrer Positivität Flügel verleihen. Sie werden die Vorboten von positiven Gedanken und Handlungen in Ihrem Leben sein, was wiederum die Art und Weise beeinflusst, wie Sie über sich selbst denken und fühlen.

Sprechen Sie in der Gegenwart

Erstellen Sie Ihre Nachricht im Präsens, um sich von der Angst zu befreien, was in der Zukunft passieren wird. Das liegt nicht in Ihrer Kontrolle. Allerdings haben Sie die Kontrolle über Ihre derzeitigen Handlungen und sich darauf zu konzentrieren, wird es Ihnen ermöglichen, sich weniger überwältigt und positiver zu fühlen. Konzentrieren Sie sich auf Aktionen und Schritte, die Sie heute treffen können, um die Zukunft Ihrer Träume zu bauen.

Ändern Sie Gedanken von dem „was, wenn ich meine Ziele in der Zukunft nicht erreichen kann?" zu „was kann ich heute tun, das mir helfen wird, meine Träume in der Zukunft zu verwirklichen?" oder „was macht es mir leichter, meine Träume zu verwirklichen?". Ihre gegenwärtigen Gedanken und Handlungen bestimmen Ihre zukünftigen Träume. So ändern Sie langsam Ihre Gedanken von stressig und ängstlich zu kontrolliert, positiv und überschaubar.

Der Spiegel ist Ihr bester Freund

Wenn Sie die Wirkung Ihrer positiven Selbstgespräche und Affirmationen noch weiter erhöhen wollen, stellen Sie sich vor den Spiegel, wenn Sie es sagen. Top Selbstentwicklungs-Coaches haben Studien entwickelt, die beweisen, dass der Prozess der Verinnerlichung einfacher wird, wenn wir uns selber sehen, während wir die positiven Affirmationen wiederholen. Wir fühlen uns stärker mit uns verbunden, wenn wir unsere Äußerungen, Gesten, Augen und die gesamte Körpersprache betrachten.

Sie wissen genau, wie Sie sich fühlen und was los ist in Ihrem Körper, wenn Sie stark und positiv über etwas denken. Der Prozess der Internalisierung dieser Gefühle ist schneller und effektiver, wenn Sie tatsächlich sehen, was Sie tun. Jedes kleine Detail, wie das Betrachten des Mundes, der sich mit positiven Tonschwingungen bewegt, um sich Ihren positiven Ausdrücken anzupassen, kann eine bereichernde Selbstliebeserfahrung sein.

Ihre beste Cheerleaderin sind Sie selbst

Selbst wenn die anderen um Sie herum Ihren Fähigkeiten weder ermutigend noch zweifelhaft gegenüberstehen, denken Sie daran, dass niemand Sie so gut kennt wie Sie selbst und Sie damit am besten geeignet sind, Ihre Cheerleaderin zu sein. Wenn Sie sich auf eine anspruchsvolle Situation vorbereiten, gönnen Sie sich ein wenig Selbst-Pep-Talk. Sagen Sie sich, dass keine Situation größer ist als Ihre Fähigkeit, die Situation zu meistern. Drücken Sie implizites Vertrauen in Ihre Fähigkeiten durch Ihre Worte, Gedanken und Handlungen aus.

Beschränken Sie sich nicht nur auf scheinbar große Aufgaben und Leistungen. Klopfen Sie sich für jede kleine Leistung selbst auf den Rücken, denn diese wiederum erhöhen Ihr Vertrauen und ermöglicht Ihnen, größere Ziele in Angriff zu nehmen. Sagen Sie sich, dass Sie Ihr Bestes gegeben haben, auch wenn Sie nicht Ihre eigenen Erwartungen übertreffen.

Loben Sie sich jedes Mal, wenn Sie etwas geschafft haben, so klein es auch scheint. Zum Beispiel haben Sie ein Projekt vor der Frist eingereicht oder sind akkurat mit einem wütenden Kunden umgegangen. Diese scheinbar winzigen Dinge addieren sich zu unserer Selbstwahrnehmung und verwandeln sich unweigerlich in größere Selbstliebe. Eine weitere wunderbare Sache, die Sie tun können, ist, sich spürbar (mit Ihrem Lieblingseis, Schokolade, einem Buch oder Kaffee) für jede Leistung zu belohnen. Dadurch können unsere Selbstgenehmigungsgedanken direkt mit konkreten Vorteilen verknüpft werden, die Wunder für unser Selbstwertgefühl und die Selbstliebe wirken.

Lieben Sie sich bedingungslos

Lassen Sie uns die universelle Tatsache, dass wir alle Fehler machen, akzeptieren. Das heißt aber nicht, dass wir mit der Schuld, dem Schmerz und der Last unserer vergangenen Fehler leben müssen und unsere Gedanken darauf konzentrieren sollten. Wir sollten uns bemühen, uns stetig zu verbessern; aber unsere Selbstliebe sollte nicht mit einer Liste von Voraussetzungen kommen, die erfüllt werden müssen, um uns selbst zu lieben. Es ist wichtig, sich selbst für die Liebe zu lieben. Nur dann können Sie die Person werden, die Sie sein wollen. Fokussieren Sie Ihr Selbstgespräch auf Ihre Einzigartigkeit, die feineren Aspekte Ihrer Persönlichkeit, die Charaktereigenschaften, wegen derer Sie sich selbst bewundern und alles, was Sie als Person ausmacht.

Je mehr Selbstliebe und Selbstgenehmigung Sie erleben, desto mehr bereichert wird sich Ihr Leben anfühlen. Machen Sie positives Selbstgespräch zu Ihrer zweiten Natur.

Sehen Sie das Gesamtbild

Manchmal sind die Menschen so auf die kleinsten Probleme fixiert, dass sie vergessen, ihre Energien auf das größere Bild zu lenken. Lassen Sie Ihre positiven Selbstgespräche das Gesamtbild Ihres Lebens zeichnen, anstatt sich von den temporären negativen Fesseln blockieren zu lassen. Stresst es Sie, in einem Stau zu stehen, über den Sie absolut keine Kontrolle haben? Wie sieht's mit einem Jobverlust aus? Wäre es wirklich das Ende der Welt?

Vorübergehende Rückschläge lenken Sie vom größeren Bild ab, indem Sie Ihre Energien auf die aktuelle Negativität fokussieren und sich nicht positiv auf die Zukunft konzentrieren. Wenn Sie Ihre Augen fest auf die Zukunft gerichtet haben, führen Sie keine negativen Selbstgespräche über die Gegenwart. Zum Beispiel kann eine Person, die regelmäßig positive Selbstgespräche führt, den Verlust ihrer Arbeitsstelle engagiert als einen verkleideten Segen sehen. Sie sehen es vielleicht als eine Chance für neue Möglichkeiten.

Zeigen Sie sich etwas Mitgefühl

Wie behandeln Sie einen Freund, der eine stressige Zeit in seinem Leben durchmacht? Mahnen und kritisieren Sie ihn oder behandeln Sie ihn mit Güte und versichern ihm, dass es bald wieder gut sein wird? Warum ist es so schwierig, sich ähnliches Mitgefühl zu zeigen? Was sagen Sie zu einem geliebten Menschen, der in einer schwierigen Situation steckt? Zeigen Sie sich die gleiche Liebe. Beim Selbstwertgefühl aufbauen und sich selbst zu lieben geht es um die Stärkung Ihres Glaubens an sich. Wenn Sie freundlich mit sich selbst umgehen, geben Sie sich selbst das Vertrauen, über die Situation hinwegzukommen. Sie geben sich die mentale Kraft, die Situation zu überwinden.

Positive Selbstkritik

Das Ziel der Selbstkritik ist nicht, sich niederzumachen, indem Sie Ihre Schwächen betonen, sondern sich voll und ganz Ihrer Stärken und Schwächen bewusst zu sein. Wenn wir eine Bestandsaufnahme Ihrer Grenzen und Tugenden machen, gewinnen wir ein größeres Bewusstsein für uns. Positive Selbstkritik hilft uns, unsere Grenzen zu akzeptieren und um sie herum zu arbeiten, indem wir unsere positiven Seiten hervorheben.

Selbstkritik muss nicht immer sein, wie schlecht Sie die Aufgabe durchgeführt haben oder dass Sie nie so gut wie die anderen sind. Es geht darum, tiefere Einblicke in sich selbst zu gewinnen und die positiven Aspekte zu bestimmen, die Ihnen helfen, das Leben Ihrer Träume zu leben und die Selbstliebe zu erleichtern. Bei der Selbstkritik geht es um das Formen Ihrer Persönlichkeit in einer Weise, die das Erreichen Ihrer Ziele erleichtert. Es bedeutet auch, an jenen Aspekten zu arbeiten, die Ihre Zielerfüllung behindern können.

Wann immer Sie ein selbstkritisches Gespräch mit sich selbst halten, halten Sie es ausgewogen und positiv. Denken Sie darüber nach, wie Sie an Ihren Schwächen arbeiten können und ersetzen Sie sie mit Ihren positiven Seiten, anstatt ständig darüber nachzudenken, wie schlecht Sie sind. Alles, was Sie brauchen, ist eine Verschiebung von Worten und Wahrnehmung. Wenn Sie die Betonung von „ich bin nicht gut genug, um dies zu tun" zu „wie kann ich meine positiven Aspekte verwenden, um dies zu erreichen" schieben, kann es zu einer Änderung kommen, die Ihnen hilft, sich der Aufgabe zu nähern.

Seien Sie keine Heulsuse

So einfach es ist, ständig zu klagen und über Dinge zu jammern, so schädlich kann es für unseren Selbstliebeprozess sein. Verstehen Sie, dass jeder seine Grenzen und Probleme hat, die mit Geduld und Positivität angepackt werden müssen.

Fallen Sie nicht in die Opferfalle, in der Sie auf alles reagieren, was in Ihrem Leben passiert. Auf diese Weise haben Sie wenig Kontrolle über Ihr Leben und fühlen sich eher erledigt. Seien Sie proaktiv im Umgang mit einer schwierigen Situation, indem Sie sich selbst sagen, wie Sie das Problem überwinden können. Dies kann Ihr Vertrauen steigern und Sie sich selbst lieben lassen, sogar nach einer schmerzhaften Phase. Der Opferkomplex, bei dem wir alles von unserer Kindheit bis hin zu unserem Umfeld und unser Schicksal beschuldigen, lässt ein Gefühl von Hilflosigkeit in uns entstehen. Wir fühlen uns nicht in der Kontrolle über das, was mit uns geschieht, und das wiederum schädigt unser Selbstwertgefühl. Auf der anderen Seite kann uns die Zueigenmachung unseres Handelns und die Kontrolle über unsere Reaktionen auf bestimmte Situationen im Leben zu einer stärkeren und selbstliebenden Person machen.

Kapitel 9: Durch Selbstvergebung zur Selbstliebe

Selbstvergebung ist gleichbedeutend damit, sich wieder zu lieben. Wenn Sie sich von dem Zyklus des Bedauerns und der Schuld befreien, fangen Sie an, sich bedingungslos zu lieben. Vergebung ist grundlegend für unsere physische und psychologische Heilung.

Wenn wir unser Handeln vergeben, ebnen wir den Weg für eine vollständige Selbstakzeptanz, die uns dazu bringt, uns für alles zu lieben, was wir sind. Das ist wichtig für unser gesamtes Wohlbefinden. Wie oft haben Sie mit Schuldgefühlen, Bedauern, Sorgen und anderen negativen Emotionen gekämpft, wegen Dingen, von denen Sie glauben, dass sie nicht passieren hätten dürfen? Viel zu viele, um sie zu zählen, nicht wahr? Manchmal sind wir so hart zu uns, dass wir nicht daran glauben, uns selbst vergeben zu dürfen. Das bedeutet, dass sich eine gewisse Selbstverachtung oder Selbsthass ausbreitet, der uns daran hindert, unser Unrecht zu akzeptieren und weiterzumachen. Der Selbsthass manifestiert sich in unseren Beziehungen.

Wenn wir Selbsthass zeigen, reflektiert es, wie wir anderen erlauben, uns zu behandeln. Es gibt ein giftiges Muster, das uns glauben lässt, dass wir die guten Dinge im Leben nicht verdienen. Indem wir uns schlecht von anderen behandeln lassen, zeigen wir uns selbst wenig Respekt. Das führt dazu, dass wir alle Türen zu einem Leben voller Glück und Liebe schließen.

Verzeihen Sie vergangene Fehler

Verzeihen Sie Fehler der Vergangenheit und lernen Sie stattdessen aus ihnen. Das ist der Schlüssel zur Selbstvergebung. Während Sie aus diesen Fehlern lernen sollten, ist es sinnlos, sich für den Rest Ihres Lebens dafür zu bestrafen. Kopf hoch und weiter. Lassen Sie sich nicht von den enormen Gefühlen aus Wut, Reue, Scham und Schuld verzehren. Fokussieren Sie sich darauf, wie Sie vorankommen können, um das Leben Ihrer Träume zu leben. Was kann in Ihrer Gegenwart getan werden, das Ihnen hilft, eine lohnende und erfüllende Zukunft zu kreieren?

Sagen Sie sich, dass die Vergangenheit abgeschlossen ist und nichts getan werden kann, um es jetzt zu ändern. Daher ist es sinnlos, darüber zu sinnieren. Wenn Sie etwas nicht ändern können, ist es besser, sich auf Dinge zu konzentrieren, die innerhalb Ihrer Kontrolle liegen. Geben Sie Ihrer Zukunft eine reale Chance, indem Sie die Gegenwart nicht durch vergangene Handlungen oder Ereignisse belasten.

Verzeihen Sie Menschen

Manchmal sind wir so überwältigt von unserer Vergangenheit, dass wir uns von Menschen abwenden und diesen Groll ein Leben lang in uns haben. Sobald Sie lernen, anderen zu vergeben und die belasteten Gefühle loszulassen, wird die Selbstvergebung leichter. Sie befreien sich von überwältigenden Gefühlen der Schuld und Scham, die den Prozess für die Vergebung und Annahme Ihrer selbst weniger anspruchsvoll macht.

Wenn Sie sich Menschen gegenüber öffnen, agieren Sie von einem Ort der Liebe, der Heilung und des Glaubens. Sie erneuern Ihr Vertrauen in die Vergebung und behandeln andere und sich mit Mitgefühl, Unterstützung und Empathie. Das erleichtert die Selbstvergebung.

Wenn wir Groll gegen die Menschen hegen, die uns Unrecht getan haben, sind wir gefangen im Geist des Hasses. Dies verhindert, dass wir akzeptieren, was passiert ist, und erschwert es, nach vorne zu schauen. Es hält uns davon ab, die Situation zu überwinden und uns wieder zu lieben.

Geben Sie sich nicht für alles die Schuld

Oftmals lässt unser geringes Selbstwertgefühl uns selber die Schuld für alles geben, was in unserem Leben passiert. Sie können ein Opfer von körperlichem Missbrauch sein und tatsächlich glauben, dass Sie es verdienen oder dass Ihre Handlungen der Auslöser waren. Eine Person, die sich selber kaum liebt, kann sich selbst für den Ehebruch ihres Partners verantwortlich halten.

Opfer von sexuellen Verbrechen leben ständig mit Scham, Wut und Schuld gegenüber sich selbst. Oft halten sie sich für selbst für das Verbrechen verantwortlich. Dies kann in hohem Maß kontraproduktiv für das Streben sein, sich wieder selbst zu lieben.

Besetzt zu sein von Gefühlen der Minderwertigkeit und der irrationalen Schuld wird Ihr Selbstwertgefühl erniedrigen und Sie daran hindern, sich selbst zu lieben. Sagen Sie sich, dass es nicht Ihre Schuld ist, dass Sie das Opfer eines unglücklichen Ereignisses waren. Konzentrieren Sie sich auf die positiven Gefühle der Überwindung Ihrer Situation und darauf, anderen in einer ähnlichen Situation zu helfen.

Menschen, die mit einem niedrigen Selbstwertgefühl und Selbstvertrauen kämpfen, werden oft zu Opfern des Selbstschuldspiels. Sie haben eine Tendenz dazu, sich von Menschen schlecht behandeln zu lassen, und geben sich selbst die Schuld dafür. Befreien Sie sich von dieser Tendenz, wenn Sie sich wirklich lieben wollen.

Reden Sie mit einem Profi

Es kann sein, dass der Prozess der Selbstheilung nicht so einfach ist, wie es klingt, vor allem, wenn Sie eine sehr traumatische Phase durchlebt haben. Wenn Sie es schwer finden, Gefühle von Bedauern, Scham und Schmerzen zu verarbeiten, sprechen Sie mit einem professionellen Berater oder Therapeuten. Diese können effektive Techniken und Selbstvergebungsprogramme wie Verhaltenstherapie, Medikamente und mehr empfehlen, um an die Wurzel des Problems zu kommen.

Der Prozess gibt Ihnen bessere Einblicke darüber, was Sie zurückhält und Ihnen dabei helfen kann, die Negativität loszulassen, um mehr Positivität in Ihrem Leben zu entfalten. Professionelle Therapeuten können Ihnen helfen, die Situation mit größerer Objektivität zu betrachten, was Sie direkt auf den Weg der Selbstvergebung bringt.

Akzeptieren Sie den Fehler und machen Sie weiter

Es ist wichtig zu akzeptieren, dass Misserfolg Sie nicht zu einer schlechten Person macht. Es bestätigt nur die Tatsache, dass Sie etwas versucht haben. Die ständige Überwindung von Gefühlen des Versagens hindert uns daran, aus dem Scheitern heraus zu wachsen und sich dem Aufbau eines neuen Lebens zu nähern. Scheitern ist sicherlich nicht das Ende der Straße. Wenn überhaupt zeigt es Ihnen, welche Wege zu vermeiden sind. Sie lernen, Dinge anders zu tun, und sind weiser und erfahrener, als Sie am Anfang waren.

Stehen Sie über vorübergehenden Rückschlägen. Wenn Sie den Fokus Ihres Lebens auf Misserfolge setzen, geben Sie sich nicht die Chance, das zu erreichen, wozu Sie fähig sind. Denken Sie darüber nach – wenn er aufgegeben hätte, nachdem er mehrere Male versagt hat, wäre Thomas Edison nicht zu einem der produktivsten Innovatoren und Erfinder der Welt geworden.

Ausfälle sind jene Sprungbretter zum Erfolg, die uns helfen, unserem größtmöglichen Potential näher zu kommen, wenn wir uns wagen, etwas zu versuchen. Machen Sie sich Ihre Misserfolge zu eigen und lernen Sie, immer weiterzumachen, indem Sie Wertschätzung für Ihren Willen und Mühe zeigen. Das ist der Weg zu einer produktiven, positiven und zielorientierten

Einstellung.

Haben Sie den Mut und den Willen, von vorne anzufangen. Möglicherweise müssen Sie alles von Grund auf neu beginnen. Es wird nicht einfach sein, aber es kann sich lohnen, wenn es um die Umgestaltung Ihres Lebens geht. Sie werden allmählich lernen, die Fehler Ihrer Vergangenheit zu akzeptieren.

Kapitel 10: Verbessern Sie Ihr Eigenbild

Wie sehen Sie sich in einer Welt, die von Oberflächlichkeit und Konsumismus besessen ist? Die Medien- und Handelswelt verbreitet ständig die Idee von Perfektion in Bezug auf Aussehen, Geld, Lebensstil und Beziehungen. Wir sind immer von dem Gefühl umgeben, dass wir nicht gutaussehend oder reich genug sind, und diese Gefühle rufen Unmut auf.

Unsere Suche nach der populären Vorstellung von Perfektion zerstört oft unsere Einzigartigkeit, was wiederum verhindert, dass wir uns bedingungslos akzeptieren und lieben. Ihr Selbstbild ist, wie Sie sich sehen und wahrnehmen. Was sind Ihre ehrlichsten Meinungen über sich selbst? Sie können die Verschiebung von einem negativen Selbstbild zu einem positiven erreichen, und zwar in einer gesunden und produktiven Art und Weise, indem Sie diese einfach zu befolgenden, aber supereffektiven Tipps beachten.

Wie wir uns selbst sehen, bestimmt, wie andere uns sehen. Leute behandeln Sie stets in derselben Weise, wie Sie sich auch selbst behandeln. Wenn Sie sich gegenüber mehr Respekt zeigen, indem Sie sich selbstbewusst geben, ist es wahrscheinlicher, dass die anderen Sie mehr wertschätzen. Auf der anderen Seite werden Menschen, die sich selbst schlecht behandeln und sich gegenüber wenig Selbstrespekt zeigen, auch von anderen misshandelt.

Entwerfen Sie eine Selbstfürsorgeroutine

In unserem geschäftigen Leben und Bestreben, sich um andere zu kümmern, neigen wir oft dazu, uns selbst zu vernachlässigen oder auf eine konsistente Selbstpflegeroutine zu verzichten. Wenn die Zeit knapp ist, sparen wir zuerst an uns. Auch wenn es wie eine Herausforderung scheint, verpflichten Sie sich zu einer gesunden, regelmäßigen und ganzheitlichen Selbstfürsorgeroutine.

Sie werden sich nicht nur aktiver und positiv fühlen, sondern auch Ihre Seele nähren.

Gehen Sie täglich spazieren. Genießen Sie das Leben im Freien durch positive Aktivitäten wie Radfahren oder Skaten. Machen Sie Yoga oder jede Form von körperlicher Aktivität, die Sie besonders genießen. Buchen Sie einen Termin im Kosmetikstudio für ein entspannendes Verwöhnprogramm. Diese Dinge können Wunder für Geist und Seele bewirken.

Essen Sie nahrhafte und ausgewogene Mahlzeiten

Irrationales Essen ist oft ein Spiegelbild Ihres emotionalen Geisteszustands. Manche Menschen neigen dazu, alles in sich hineinzustopfen, wenn sie unter akuten emotionalen Turbulenzen leiden, während anderen der Appetit verloren geht. Das schafft ein Muster von ungesunder Ernährung, das in Extremen wie Anorexie oder medizinischen Bedingungen, die sich aus Übergewicht ergeben, enden kann.

Zeigen Sie Ihrem Körper den Respekt, den er verdient, durch den Verzehr von nahrhaften, gesunden und ausgewogenen Mahlzeiten. Wenn Sie richtig essen, fühlen Sie sich energetischer und positiver. Vermeiden Sie Lebensmittel mit einem hohen Zuckeranteil und ungesundem Fett. Folgen Sie keinen Diäten, die Ihr Selbstwertgefühl in ein Allzeittief stürzen, wenn Sie aufgeben. Entscheiden Sie sich stattdessen dazu, Ihre Lieblingslebensmittel in kleinen Portionen zu essen, und konzentrieren Sie sich mehr auf Lebensmittel mit einem hohen Ballaststoffanteil. Sagen Sie zu künstlichen Süßstoffen und Konserven Nein.

Denken Sie daran, Süßigkeiten und Gebäck können sich erst mal nach Soul Food anfühlen, sie bieten aber null Nährstoffe und stapeln unerwünschte Kalorien. Wählen Sie Lebensmittel mit hohem Nährstoff- und niedrigem Zuckerlevel, nach deren Verzehr Ihre Energiereserven nicht abstürzen und

Sie sich müde fühlen. Entscheiden Sie sich für Obst, Gemüse und mageres Fleisch, das hoch in Protein ist.

Verbessern Sie Ihre Kommunikationsfähigkeiten und Körpersprache

Wenn Sie sich selbstbewusst ausdrücken, ergänzt durch eine Ton- und Körpersprache, die Selbstbewusstsein reflektiert, fühlen Sie sich großartig. Haben Sie schon mal erlebt, wie sich Sprecher verhalten, die immer eine riesige Menge begeistern und die Leute dazu bringen, ihnen zuzuhören? Sie sprechen bejahend, mit der richtigen Intonation und Betonung. Ihre Ausdrücke, Gesten, die Haltung und der Blickkontakt zeigen Vertrauen.

Machen Sie Ihre Sprechmuster wirksamer, zwingend und durchsetzungsfähig. Pausieren Sie mit Wirkung zur richtigen Zeit. Verwenden Sie Wörter, die einen proaktiveren und weniger defensiven Ansatz reflektieren. Gestalten Sie Ihre Argumente gelassen, ausgewogen und vernünftig.

Wenn Sie lernen, vertraulicher und effektiver zu kommunizieren, beginnen die Menschen, auf Sie zu hören. Das wiederum kann Ihr Selbstbild dramatisch steigern.

Kleiden Sie sich gut und protzen Sie mit einem ordentlichen Aussehen

Ein gepflegtes Aussehen und ein gut sortierter Kleiderschrank sind integrale Bestandteile Ihrer Persönlichkeit und Ihres Selbstbilds. Menschen, die gut gekleidet und gepflegt sind, fühlen sich selbstsicherer und selbstbewusster. Es reflektiert eine organisierte, sich selbst respektierende und unübersichtliche Person.

Beachten Sie, wie sich Ihre Emotionen plötzlich einfach durch den Wechsel in sauberere, bequeme und besser passende Kleidung ändern. Ihre Kleidung und Ihr Aussehen zeigen viel über Ihre allgemeine Einstellung zum Leben.

Wenn Sie ein gepflegtes und ordentlich gekleidetes Aussehen an den Tag legen, zeigen Sie Liebe und Respekt für sich selbst.

Ziehen Sie sich so an wie die Person, die Sie sein wollen, und was Sie im Leben erreichen möchten. Wenn Sie reich sein und sich so fühlen wollen, dann verkleiden Sie sich als Millionär. Es geht nicht um Eitelkeit; es geht darum, alles zu verinnerlichen, was Sie durch Ihre Kleidung und Ihr Aussehen ausdrücken wollen.

Schätzen Sie Ihre Unvollkommenheiten

Lernen Sie Ihre sogenannten Unvollkommenheiten zu akzeptieren und zu pflegen. Werfen Sie den Begriff der Vollkommenheit aus Ihrem Vokabular. Nichts ist perfekt. Perfektion existiert nicht. Feiern Sie Ihre Mängel, Unvollkommenheiten und Fehler, da sie Sie von den anderen unterscheiden.

Seien Sie kein Fabrikprodukt einer beliebten Ideologie. Befreien Sie sich von Sachen, die unwirkliche Ideen der Vollkommenheit solcher Schönheitsmagazine verstärken. Erkennen Sie, dass jede Person einzigartig und schön ist auf ihre eigene Weise, und was Ihnen vielleicht hässlich erscheinen mag, kann für jemand anders die Definition von Schönheit sein.

Lassen Sie sich nicht Ihre Wahrnehmung von sich selbst durch Airbrushbilder der Schönheit bestimmen. Sie sind mehr als nur Ihre physischen Eigenschaften.

Setzen Sie sich Ziele und verwirklichen Sie sie

Wenn Sie sich Ziele setzen und diese eins nach dem anderen verwirklichen, breitet sich ein wunderbares Gefühl der Erfüllung in Ihnen aus. Handeln ist hier der Schlüssel. Es kann alles von der zeitigen Fertigstellung eines Projekts sein bis zum Enden einer toxischen Beziehung. Sobald Sie Dinge verwirklichen, die Sie schon viel zu lang auf der Reservebank sitzen haben lassen, spüren Sie eine große Welle von Selbstbewusstsein.

Verzögerung zerstört Ihr Selbstwertgefühl, indem Sie sich weniger produktiv und positiv fühlen. Ihre Energie und das Vertrauen werden erschüttert, wenn sich eine Reihe von anstehenden Aufgaben anhäuft, die darauf warten, abgeschlossen zu werden. Übernehmen Sie Verantwortung für Ihr Leben, setzen Sie Ziele und streichen Sie sie von Ihrer To-Do Liste, indem Sie heute handeln.

Praktizieren Sie Liebesrituale

Nehmen Sie sich etwas Zeit vom Tag, um ein tägliches Liebesritual zu praktizieren. Schalten Sie den Fernseher und Ihr Telefon aus und zentrieren Sie all Ihre Energie auf das Liebesritual. Es kann alles von einem erfrischenden Schaumbad bis hin zu einem kleinen Gebet sein oder eine sanfte Massage. Führen Sie das Ritual mit voller Achtsamkeit aus.

Danken Sie Ihren Füßen, dass sie Sie überall hintragen, und Ihren Händen, die Sie arbeiten lassen. Wenn Sie sich mit Dankbarkeit duschen, fühlen Sie sich wirklich gesegnet und schätzen diese Gaben bewusster. Dies kann ein großer Selbstbildbooster sein.

Der Fokus ändert sich von dem, was Sie denken, dass es fehlt, zu dem, für das Sie dankbar sind. Sie hören auf, über Dinge zu murren, die Sie ändern möchten, und zelebrieren stattdessen das Leben, das Ihnen verliehen wurde. Diese Übung hilft Ihnen, Ihre Segen nicht als selbstverständlich anzusehen, sondern dankbar für alles zu sein, was Sie haben.

Machen Sie einen psychometrischen Test

Psychometrische Tests können bei der Bestimmung Ihrer Stärken und Schwächen helfen. Sie beruhen auf soliden psychologischen Prinzipien, die verschiedene Facetten Ihrer einzigartigen Persönlichkeit aufdecken. Diese Selbstdaten können als ein brillanter Bezugspunkt für das Wissen selbst dienen, das den Prozess der Selbstakzeptanz mühelos macht.

Der beste Teil bei diesen Tests ist, dass es keine genauen oder ungenauen Antworten gibt. Alles ist subjektiv. Genau wie Ihre Persönlichkeit. Sie wissen, dass es kein Ideal gibt. Jede Persönlichkeit ist einzigartig und besitzt ihre eigenen Stärken und Schwächen. Die Fragen, die in diesen Tests gestellt werden, lassen Sie tiefer in Ihr inneres Selbst eindringen, um mehr Verständnis und Annahme zu erhalten darüber, wer Sie sind, ohne selbst zu urteilen.

Abschluss

Ich hoffe aufrichtig, dass Ihnen dieses Buch geholfen hat, zu erkennen, wie wunderbar Sie wirklich sind, und dass Sie gelernt haben, sich wieder zu lieben. Ich hoffe auch, dass Sie viele Weisheiten, handliche Hinweise und Tipps mitnehmen konnten.

Verstehen Sie, dass das Streben nach Selbstliebe kein Übernachtungsprozess ist. Es wird bewusste, konsequente und engagierte Anstrengung benötigen, um Ihre Mentalität von Selbstkritik auf Selbstakzeptanz zu verlagern. Allerdings werden Sie allmählich Zeuge von leistungsstarken Ergebnissen. Sie werden sich in ein glückliches, positives und selbstliebendes Individuum verwandeln.

Der nächste Schritt ist, auf die wertvollen und getesteten Informationen, die Sie am Bildschirm haben, sofort zu agieren. Informationen ohne konkrete Maßnahmen sind sinnlos. Stehen Sie auf und beginnen Sie Ihre Reise, um sich selbst zu lieben. Nur wenn Sie diese bewährten Techniken umsetzen, werden Sie erkennen, wie mächtig und effektiv sie wirklich sind.

Wenn Sie das Lesen des Buchs genossen haben, nehmen Sie sich bitte etwas

Zeit, um Ihre Gedanken zu teilen, indem Sie eine Rezension hinterlassen. Es wird sehr geschätzt!

Hiermit wünsche Ich Ihnen ein lohnenderes und erfreuliches Leben voller Selbstliebe!

POSITIV DENKEN

Wie Sie Glück und Zufriedenheit erlangen. Für ein Leben mit weniger Sorgen und mehr Lebensqualität

Simone Kerber

Inhaltsverzeichnis

Einführung

Stellen sie sich ihren Lieblingscharakterdarsteller/in oder eine berühmte Person vor. Denken sie an jemanden, den Sie ehrlich bewundern oder der/die Sie inspiriert. Was macht diese Person so einzigartig? Wie unterscheidet er oder sie sich vom Rest? Ist es harte Arbeit oder einfach nur Glück? Sehr wahrscheinlich ist es die Art und Weise, wie diese Personen ihr Leben meistern. Menschen, die ein erfolgreiches Leben mit Dankbarkeit leben, sind häufig optimistischer als andere.

Diese Art Mensch hat eine positiv gestimmte Denkweise und sind höchst produktiv, weil sie ihre Energie konstruktiv einsetzen. Diese Menschen können Misserfolge überwinden und trotz dieser Misserfolge eine sehr erfolgreiche Zukunft aufbauen. Sie sind die Führungspersönlichkeiten, Visionäre und Wegweiser von Morgen. Und wissen Sie was? Sie besitzen diese Fähigkeiten auch, denn positives Denken tragen Sie sozusagen in sich. Sie müssen es nur aktivieren, damit es anspringt. Das Einschalten liegt nicht in anderen Händen, sondern allein in Ihren. Wenn Sie erst einmal verstanden haben, wie einfach und kraftvoll positives Denken sein kann, werden Sie auch schnell feststellen, dass Sie immer seltener in das alte Muster mit unnützen oder negativen Gedanken zurückfallen.

Negative Gedanken sind absolute Hindernisse und es ist schwer diese zu überwinden. Natürlich ist es nicht immer einfach von negativen in positive Gedanken zu wechseln. Trotzdem ist es die Mühe wert, wenn Sie verhindern wollen weiterhin einen Weg mit unnötigem Schmerz und sinnloser Angst zu gehen. Der Wechsel von negativen zu positiven Gedanken geschieht nicht von heute auf morgen. Es ist ein schrittweiser Prozess, der Zeit, Disziplin und ständige Anstrengungen benötigt, um bewusst positiv und zuversichtlich zu denken, sobald unsere Gedanken wieder von Angst und Unsicherheit gelenkt werden.

Es gibt eine Menge Beispiele aus medizinischer Sicht, dass selbst die beste Behandlung, Medizin und Gesundheitspflege nicht genügen für eine komplette Gesundung. In diesen Fällen hilft nur positives Denken. Es wandelt den hilflosen Geist des Patienten um in absolute Kontrolle über den Geist. Von Verzweiflung hin zu Hoffnung und von Krankheit zu Heilung.

Selbst ein stark spirituell entwickelter Geist ist nicht vor negativen Gedanken geweiht. So liegt es in unserer Natur Ängste, Befürchtungen, Schmerz und Zweifel in unserem Kopf wieder und wieder durch zu spielen und diese zu zulassen. Es ist normal, in bestimmten Situationen Angst zu versagen, zu haben. Beispielsweise die Präsentation vor Kollegen und dem Chef. Der ansteigende Stresslevel vor einem wichtigen Jobinterview ist auch völlig normal, da man das zukünftige Gehalt zum Überleben im Kopf hat. Jedoch saugen negative Gedanken all die wichtige Energie auf und hält Sie davon ab in der Gegenwart zu leben. Was passiert, wenn ein Ball auf dem Boden rollt? Er kommt in Schwung und rollt schneller. Und das ist genau das, was in unserem Kopf geschieht: Ein rollender Ball voller negativer Gedanken.

Gedanken beschleunigen ihre Intensität bis sie ganz und gar unseren Geist eingenommen haben. Dann fühlen wir uns erschöpft, demotiviert und unbedeutend. Je mehr Sie sich den negativen Gedanken hingeben, desto stärker werden sie. Diese kontrollieren Sie und halten Sie davon ab, sich anderen produktiveren Aufgaben zu zuwenden.

Jetzt bedenken Sie, welche Wirkung ein einziger positiver Gedanke haben kann. Würde es nicht etwas Wundervolles hervorbringen? Das ist die Kraft ihrer Gedanken und ihres Unterbewusstseins. Sie bestimmen und lenken ihr Handeln. Je positiver, angeregter und konstruktiver ihre Gedanken sind, desto höher sind ihre Chancen auf ein positives, lohnendes und erfülltes Leben. Denn, wie heißt es so schön: „Gedanken werden zu Dingen."

Wie schafft man es nun, negative Haltungen und negative Gedanken zu überwinden? Wie kann man destruktive Gedanken und kraftraubende Energie umwandeln in konstruktiv Mentales für ein wunderbares Leben? Wie schafft man eine optimale Nutzung positiven Denkens für eine enorme Umwandlung?

Im Folgenden bekommen Sie nützliche Tipps negative Gedanken wie eine Führungsperson zu überwinden.

Dieses Buch ist gefüllt mit praktisch anwendbaren Hilfestellungen, die Sie dabei unterstützen, in eine Stimmung des positiven Denkens zu kommen. Es gibt viele Tipps, als auch bereits getestete, fachmännische Strategien, die zeigen wie sie beginnen können, die Kraft der positiven Gedanken zu bündeln und zu nutzen. Diese handfesten Schritte und präzisen Handlungsweisungen verhelfen Ihnen dabei negative Gedanken zu überwinden, damit Sie ihr Potential - ein Leben ganz nach ihren Vorstellungen zu leben – vollends ausschöpfen können.

Der Schlüssel zu positivem Denken liegt in diesem Buch.

Kapitel 1: Positiv Denken, um positives Verhalten zu lenken

Untersuchungen zeigen stetig auf, dass positives Denken mehr ist, als das Gefühl des Glücks oder Zufriedenheit. Positives Denken kann den wahren Wert aufdecken und dabei die Entwicklung von kraftvollen Kompetenzen fördern, die wertvoller sind als ein Lächeln oder euphorische Stimmungen. Wie beeinflusst positives Denken unser Handeln? Wie können wir uns die Kraft des positiven Denkens für unser Verhalten zu nutze machen?

Welche Auswirkungen hat negatives Denken auf unser Tun und Handeln?

Gedanken sind der Schlüssel

Gedanken sind der Schlüsselfaktor. Sie beeinflussen unser Verhalten – Was Sie fühlen und wie Sie sich verhalten. Zum Beispiel wenn Sie ihren Tag bereits mit den Gedanken beginnen „Das Interview heute wird sowieso daneben gehen. Ich habe das im Gefühl."

Dieses „Einreden" führt zu Stress und Nervosität und beeinflusst direkt den Verlauf des Interviews und ihre gesamte Leistungsfähigkeit. Ihre Gedanken führen zu dem Glauben, in dem Interview zu versagen. Das manifestiert sich sogleich in ihren Handlungen. Beispielsweise, in ihrer Wortwahl, wenn sie nicht klar und deutlich spreche, oder in ihrem Selbstbewusstsein.

Ihr Verhalten verstärkt Ihre Gedanken. Der Gedanke, dass Sie nicht gut genug seien, verschafft sich eine Art Eigendynamik, um Sie letztendlich zu überzeugen, nicht gut genug zu sein. Die Korrelation zwischen den Gedanken und dem Verhalten ist somit verstärkt.

Diese Voraussetzung dient dazu, verschiedene psychische Belange wie Angst, Depressionen und Stress zu heilen. Es kann im unternehmerischen Rahmen gebraucht werden, um Ihre Leistungsfähigkeit und den Teamgeist zu steigern sowie die Führungseigenschaften zu fördern.

Schadhafte Auswirkungen des negativen Denkens

Stellen Sie sich Folgendes vor: Sie laufen durch einen dichten Wald und plötzlich stellt sich ihnen ein wildes Tier in den Weg. Ihr Gehirn meldet sofort eine negative Aktion an, nämlich Angst. Studien haben belegt, dass negative Gefühle das menschliche Gehirn regelrecht programmieren, um eine bestimmte Aktion auszuführen. Zum Beispiel wenn das wilde Tier plötzlich auftaucht und Sie fliehen. Sie fokussieren sich komplett auf das Tier, die Angst in ihnen und wie Sie aus dieser Situation wieder herauskommen können.

Negative Emotionen engen die Gedanken allerdings ein. Die Gehirnzellen ignorieren jede denkbare Alternative wie beispielsweise auf den Baum zu klettern, einen Stock zu nehmen oder sich tot zu stellen. In der Wirklichkeit ist es genauso: Negative Gedanken sind Hemmnisse. Es programmiert unser Gehirn auf negative Emotionen in beschränkter Art und Weise zu reagieren, indem positive Alternativen einfach ausgeblendet bzw. abgedrängt werden.

Beispiele dafür sind Wut und andere Emotionen, die in ihrer gesteigerten Form rationales Handeln verhindern. Das gleiche passiert auch, wenn die „To-Do-Liste" zu lang ist und man zu viele Dinge auf einmal erledigen will. Wir geraten dann in eine Art paralytischen Zustand, der es beinahe unmöglich macht, einen klaren Kopf zu behalten. Wie fühlen Sie sich, wenn sie keinen Sport ausüben oder sich nicht gesund ernähren? Sie fühlen sich elend, weil sie den inneren Schweinehund nicht überwinden konnten und das wiederum führt zu Faulheit und noch weniger Willensstärke. Demnach ist es wichtig zu wissen, dass Gedanken unser Handeln gestalten und beeinflussen.

Wir führen das aus, was wir denken und was unsere Gedanken dominiert.

Wie positives Denken positives Handeln schafft

Reines positives Denken ist nicht gleichzusetzen mit ein paar Stunden des Glücksgefühls. Der größte Vorteil des positiven Denkens ist, dass Fähigkeiten und Lebensressourcen aufgebaut werden können. Barbara Fredrickson, Psychologin an der University North Carolina, hat auf dem Gebiet „Der Nutzen positiven Denkens und der Einfluss auf das Leben" bereits eine Fülle an Studien aufgestellt.

Fredrickson hat sich dabei auf die ′broaden and build ′- Theorie fokussiert. Die besagt, dass positives Denken die Sinne für andere, neue Möglichkeiten schärft und das Denken erweitert. Außerdem schafft es neue Ressourcen und Fähigkeiten für unterschiedliche Lebensbereiche. Im Kontrast dazu, ist negatives Denken nur hinderlich, denn es richtet den Blick nur auf die Bedrohung, wie in dem Beispiel mit dem wilden Tier im Wald. Der Fokus liegt dabei eben nicht auf dem Aufbau von Fähigkeiten, die wertvoll für die Zukunft wären.

Es stimmt also, wenn man sagt, dass Gedanken den Charakter formen. Sie legen fest wie sich ein Individuum in der Welt bewegt und wie sich eine Person physisch, emotional und spirituell verhält. Wir sind sozusagen eine Vereinigung von all dem, was wir denken. Jede Handlung entsteht durch Gedanken. Die innere Gedankenwelt beeinflusst direkt externe Umstände. Ein Wandel, der selbst gewollt und verursacht wird, ist oft durch die Veränderung des Gedankenmusters entstanden. Wenn zum Beispiel eine schlechte Angewohnheit aufgegeben werden soll, verhilft dazu nur eine Veränderung der eigenen Gedanken. Zu erst müssen Sie sich über die negativen Auswirkungen im Klaren sein, um die Angewohnheit aufgeben zu können.

Sehen Sie dies als wissenschaftliches Prinzip. Wie unser Gehirn unser Verhalten steuern kann. Jeder Gedanke setzt Chemisches frei. Negative Gedanken verhindern eine „Fühl-Dich-gut" Stimmung. Sie verlangsamen unser Gehirn, verdunkelt die Gehirntätigkeit und dessen Funktionen und verursacht Depressionen. Auf der anderen Seite verringert positives Denken die Menge an Cortisol (Stresshormon) und fährt dafür die Produktion von Serotonin (Glückshormon) hoch. Das verhilft unserem Gehirn zu optimaler Leistung.

Trainiere dein Gehirn, positiv zu denken

Die Handlungen, die wir durchführen, lassen verschiedene Regionen in unserem Gehirn wachsen oder schrumpfen. Je mehr wir unser Gehirn anweisen, desto mehr kann sich dessen kortikaler Raum erweitern, um neue Aufgaben bewältigen zu können. Es entwickelt starke Verbindungen innerhalb dieser Räume, die die gewünschten Verhaltensmuster und die Gedanken hervorheben, während es die anderen Verbindungen schwächt. Folglich sind wir das, was wir denken und fühlen. Egal, was wir denken oder sagen. All das spiegelt sich in unserem Verhalten wider. Was wir nach Außen hin zeigen, ist ein Resultat aus dem, was wir glauben/denken. Das bedeutet, dass wir unser Gehirn tatsächlich trainieren können, positiver zu denken.

Beginnen Sie ihre Gedanken, positiv zu stimmen. Lernen Sie, auf die schönen Seiten der Dinge zu schauen. Konzentrieren Sie sich darauf, sobald negative Gedanken aufkommen. Ihr Geist wird komplett von Gedanken kontrolliert. Sie sind der Führer dieses Boots und kontrollieren die Richtung ihrer Gedanken. Ihre Gedanken sind in der Lage, ihr Leben zu gestalten. Nutzen Sie diese Gedanken vorteilhaft, um Umstände/Events zu zeichnen und denken sie positiv. Positives Denken sollte nicht als kurzzeitige Wohlfühlphase dienen oder als Syndrom des Optimismus. Machen Sie es zu ihrer Lebensphilosophie. Beziehen Sie positives Denken in ihren Lebensstil ein, um Zeuge der Vorteile auf ein erfülltes und zufriedenes Leben, zu werden.

Kapitel 2: Dankbarkeit

Haben Sie sich jemals vorgestellt, wie das Leben wäre, ohne alle diese wundervollen Gaben, die wir heute genießen? Die Luft, die wir atmen, das Wasser, das wir trinken, die Augen mit denen wir das Schöne um uns herum wahrnehmen, die Hände, die uns das Arbeiten ermöglichen. Schon einmal ausgemalt, wie hart das Leben wäre ohne diese Wunder? Aber geben wir diesen Dingen genügend Wertschätzung? Zeigen wir ausreichend Dankbarkeit für das, was wir haben oder ärgern wir uns einfach nur ständig darüber, was wir nicht haben? Dankbarkeit ist die Stärke des positiven Denkens.

Wir neigen dazu, die positiven Dinge in unserem Leben zu ignorieren und legen den Fokus auf das Negative, was dann dazu führt, dass wir unseren Seelenzustand ruinieren. Erinnern Sie sich – Sie haben ein Dach über dem Kopf und Nahrung im Kühlschrank, was für eine große Mehrheit der Menschen auf der Welt keine Selbstverständlichkeit ist, weil sie jeden Tag dafür kämpfen müssen. Wir haben also schon eine Menge Dinge, für die wir dankbar sein müssen. Dennoch nehmen wir diese Dinge als selbstverständlich hin und fixieren das, was wir nicht besitzen.

Dankbarkeit auszudrücken ist der beste Weg, eine positive Einstellung zu verstärken.

Wenn wir unseren Fokus wegbewegen, von dem was wir vermissen, hin zu dem, was wir bereits besitzen, wirken wir positiver. Wir lenken unsere Gedanken bewusst. Hin zum Positivem. Für die Dinge, die wir haben dankbar zu sein, erlöst uns von angestauter Negativität, zu der wir neigen und an der wir festhalten. Dankbarkeit schenkt uns sofort das Gefühl von Ermunterung und Liebe. Wenn sich Liebe, Dankbarkeit und eine positive Einstellung in ihrem Verstand verankert haben, wird es fast unmöglich negative Gedanken zu zulassen.

Die Vorteile, ein Leben mit Dankbarkeit zu führen, sind grenzenlos. Menschen, die beständig dankbar sind, indem Sie die Dinge wertschätzen, können reflektieren für welche Dinge sie tatsächlich dankbar sind und erfahren demnach mehr positive Emotionen. Sie fühlen sich vitaler und lebhafter, schlafen deutlich besser, sind empathischer und können sich sogar mit einem gesunden Körper brüsten.

Für Dankbarkeit muss es keinen Anlass geben. Wir können genauso dankbar für einen Apfelkuchen sein. Den Unterschied machen die kleinen Dinge, für die wir dankbar sind.

Der Psychologe Robert Emmons hat herausgefunden, dass das Aufrechthalten von Dankbarkeit in einem Protokoll verschriftlich mit der nötigen Reflexion, zu Dankbarkeit und dazu führt, unsere Zufriedenheit und insgesamt das Wohlbefinden stetig zu steigern.

Wie können Sie nun das Dankbarkeitsgefühl entwickeln? Wie können Sie Dankbarkeit in ihr tägliches Leben integrieren? Welche einfachen, und dennoch effektiven Dinge können Sie tun, um den Zustand des Undankbaren in den Zustand der Dankbarkeit und Erkenntlichkeit zu verwandeln? Im Folgenden lesen sie wirkungsvolle Strategien für ein mit Dankbarkeit gefülltes Leben.

Schreiben Sie ein Dankbarkeitsprotokoll

Listen Sie alle Dinge, für die Sie in ihrem Leben dankbar sind, in einem Protokoll auf.

Machen Sie es sich zur Gewohnheit die besten Dinge am Ende des Tages, zu notieren. Die Dinge, die ihnen im Alltag passieren. Wahlweise können Sie auch auflisten, wofür Sie in ihrem Leben dankbar sind.

Konzentrieren Sie sich auf die Details, nicht auf die Länge der Liste. Benennen Sie diese konkret, also warum Sie dankbar sind, wie diese für ihr Leben wertvoll sind und Sie zu einem besseren Menschen machen. Details darüber wird ihnen das Positive daran verinnerlichen. Es erlaubt Ihrem Verstand, die starken Signale zu empfangen, die direkten Einfluss auf ihr Verhalten und ihre Handlungen haben.

Schreiben Sie über Menschen, für die Sie Dankbarkeit verspüren. Jenen Menschen dankbar sind, die sie inspirieren, zu ihrem Leben beitragen und ihnen helfen ein besserer Mensch zu sein. Welche Qualitäten zeichnen diese Personen aus? Was können Sie von ihnen lernen? Inwieweit inspirieren Sie diese Personen?

Warum nun sollte dieses Dankbarkeitsprotokoll auf Stichworte beschränkt sein? Es kann alles enthalten von Flugtickets zu Konzertpässen, Rechnungen und Kochrezepten. Das protokollieren von Dankbarkeit muss nicht zwingend langweilig und einfallslos sein. Es kann Spaß machen und ein stimulierender Prozess sein, der Sie in eine sehr positive Stimmung versetzt. Malen Sie Bilder, erstellen Sie eine Bildcollage, nutzen Sie Sticker, zeichnen Sie Karten – tun sie alles, was ihnen hilft wunderbar und inspiriert zu sein, wenn Sie sich alles in ihrem Protokoll ansehen.

Sehen Sie das Protokoll nicht als (Schreib)Pflicht, die erledigt werden muss. Das macht das ganze kontraproduktiv. Lieber fühlen Sie, was Sie aufschreiben. Schreiben Sie nicht, wenn Sie in Eile sind, sondern genießen Sie jedes Wort. Schreiben Sie nicht, wenn Sie das Gefühl haben, es tun zu müssen. Strengen Sie sich an, jedes Wort, das Sie schreiben, zu fühlen. Glauben Sie, was Sie schreiben. Genießen Sie, was sie schreiben. Der Prozess verinnerlicht alles und führt effektiv zu positiven Gedanken.

Vermeiden Sie, die gleichen Dinge wieder und wieder zu erwähnen. Stattdessen erweitern Sie den Bereich der Dankbarkeit und konzentrieren sich auf die Fülle für die Sie dankbar sind. Zum Beispiel sind Sie an einem Tag dankbar für ihre Kinder, an einem anderen Tag sind Sie dankbar für die Erinnerung an einen wundervollen Tag mit ihnen. An einem anderen Tag möchten Sie Dankbarkeit für eigene Fähigkeiten ausdrücken. Wenn Sie verschiedene Dinge für die Sie jeden Tag dankbar sind, aufschreiben, werden Sie feststellen, wie viele Gaben ihnen zuteil werden.

Schreiben Sie eine bestimmte Anzahl auf, ohne einen Punkt davon zu wiederholen. Diese Art und Weise ist von Zeit zu Zeit herausfordernder und weitet ihr Bewusstsein für ihre Dankbarkeit für Kleinigkeiten um Sie herum aus. Sie werden beginnen jede kleinste Sache aus Sicht der Dankbarkeit zu betrachten.

Machen Sie eine Liste mit ihren Fähigkeiten und ihren Stärken. Denken Sie an alle ihre Fähigkeiten. Welche Dinge können Sie besonders gut? Sind Sie ausgebildete(r) Tänzer/Tänzerin? Oder ein talentierte(r) Sänger/Sängerin? Oder ein(e) Künstler/Künsterlin? Welche Fähigkeiten machen Sie einzigartig? Welches sind ihre speziellen Charaktereigenschaften? Das kann alles sein. Von dem empathischen Zuhörer bis hin zum Entertainer. Sie können ein sehr guter Freund oder ein ausgewöhnlicher Lehrer sein. Bestimmen Sie diese speziellen Eigenschaften. Sie haben die Kraft. Niemand sonst kann Sie sein. Stellen Sie sicher, dass ihr Protokoll genau diese Dinge reflektiert.

Das Schreiben ist als reinigender Prozess zu sehen. Seine Tragweite für das eigene Unterbewusstsein ist unermesslich, denn es ist der Prozess des Fühlens, Denkens und Handelns.

Das Unterbewusstsein empfängt, während Sie schreiben, Signale. Sie verinnerlichen alles, wenn Sie schreiben. Das Unterbewusstsein besitzt allerdings nicht die Kapazität zwischen realen und imaginären Szenarien zu unterscheiden.

Alles was ihr Unterbewusstsein aufnimmt, wird als Wahr abgespeichert. Das führt dazu, dass ihr Geist im Rhythmusreagiert, mit allem was Sie schreiben oder was ihr Unterbewusstsein glaubt, wahr zu sein. Wenn Sie beispielsweise weiterhin ihr Ziel ein Haus zu kaufen detailliert aufschreiben, wird ihr Geist ihre Handlung nach ihrem Ziel ausrichten. Sie werden dann das Sparen für das neue Haus fokussieren oder unbewusst anfangen potentielle Häuser auf ihrem Weg zur Arbeit abzusuchen. Die Gedanken mit denen Sie ihr Unterbewusstsein nähren, sind direkt in ihren Handlungen zu sehen.

In einer Studie aus einem Forschungsmagazin für Persönlichkeit wurden 90 Studenten ohne Abschluss in 2 Gruppen aufgeteilt. Die erste Gruppe der Studenten ohne Abschluss wurde gebeten, eine außergewöhnlich positive Erfahrung für drei aufeinander folgende Tage aufzuschreiben. Der zweiten Gruppe wurde das Kontrollthema zu gewiesen. Drei Monate später, stellte sich heraus, dass die Studenten, die über ihre positiven Erfahrungen schrieben, eine positivere Stimmung, weniger Krankheiten und weniger Arztbesuche verzeichneten. Stellen Sie sich vor - nach nur drei Tagen.

Der gesamte Gedankenprozess kann durch stetiges, reflektiertes und einfühlsames Schreiben verändert werden. Sie werden negative Umstände anders denken, fühlen und bewerten. Sie werden in Allem tendenziell die positive Seite sehen, und das wird sich in ihren konstruktiven Handlungen widerspiegeln.

Schätzen Sie die Wirkungskraft

Genießen Sie jeden winzigen Moment im Leben und schauen Sie in den Himmel, um dem Universum für alles zu danken. Sie werden feststellen, dass es etwas Größeres gibt, als Sie, und dafür sollten Sie dankbar sein. Das

Universum hat alles geschaffen: Vom Strand bis zur Landschaft bis zu atemberaubenden Wasserfällen. Es ist eine unglaubliche Kraft, die Sie mit ihrer täglichen Segnung überkommt.

Wenn wir Dankbarkeit gegenüber dieser höheren Kraft verspüren, diese wertschätzen und aussprechen, dann fühlen wir uns positiv und inspiriert. Es macht die Dinge, die wir jeden Tag übersehen, offensichtlich. Wenn wir diese Dinge wertschätzen, verhilft es uns, das Glück, mit dem wir ausgestattet sind dankend anzunehmen und in etwas Höheres zu vertrauen.

Nächstes Mal, wenn ihr Telefon plötzlich nicht mehr funktioniert, denken Sie nicht wie ärgerlich das ist, sondern erinnern Sie sich an den Nutzen als es noch funktionierte. Alle die schönen Bilder, die Sie damit gemacht haben, Verbindungen zu wem auch immer zu aufrechtzuerhalten, Nachrichten und Anrufe zu tätigen. Für alle diese Sachen, die das Telefon für Sie tat, sollten Sie dankbar sein. Danken Sie dem Universum für die Hilfe, dass Sie in Verbindung bleiben mit ihren Geliebten. So legen Sie den Fokus vom Jetzt zum Großen und Ganzen.

Ein kleines Gebet der Dankbarkeit, wenn Sie dem Universum oder der Übermacht dankbar sind, selbst, wenn die Dinge nicht so verlaufen wie Sie sollten. Das wird ihnen mehr Hoffnung geben. Es wird Sie mit einem größeren Sinn für Positives und Optimismus übermannen. Und Sie werden lernen, der Übermacht zu vertrauen.

Starten Sie einen Kreislauf der Dankbarkeit

Wie oft bedanken Sie sich bei dem Tankwart an der Tankstelle? Oder der Person, der ihre Bestellung im Café aufnimmt? Oder der Person, die den Müll abholt? Wie oft bedanken Sie sich bei denen, die ihnen täglich behilflich sind? Wie würde ihr Leben aussehen, wenn die Müllabfuhr nicht regelmäßig käme? Klar ist, dass wir diese Dienste und die Menschen, die diese

Dienste ausführen als selbstverständlich betrachten.

Schätzen Sie Menschen und beschweren Sie sich weniger. Sprechen Sie dem Barista, der ihren Kaffee kocht, ein Kompliment aus. Bedanken Sie sich bei dem Kellner, der ihnen die Tür aufhält. Danken Sie dem Hausmeister oder dem Verkäufer, der ihnen ihr Leben vereinfacht.

Beginnen Sie einen Zyklus der Dankbarkeit mit zufällig ausgewählten Nettigkeiten. Dieser wird eine Schleife des Glücks, der Hoffnung und der Dankbarkeit auslösen.

Beispielsweise, wenn Sie einfach den Kaffee für die Person hinter ihnen in der Schlange bezahlen. Bitten Sie dann diese Person auch eine Handlung des Glücks, an eine andere Person weiterzugeben. Die nächste Person kann auch gefragt werden, die Kette der Dankbarkeit weiterzuführen. Das wird ihnen erlauben, gütig zu sein und Positives zurück zu bekommen. Wenn Sie wirklich jemandem danken wollen, dann tun Sie etwas Nettes für diese Person.

Gehen Sie los und vergeben Sie täglich Komplimente an einige Menschen. Denn, wie schon erwähnt, wird das den Kreislauf der Dankbarkeit und Wertschätzung in Gang setzen.

Das wird das Gefühl von Positivem in hohem Maße in Ihnen erzeugen. Automatisch fühlen Sie sich gut, wenn Sie das Gute in anderen auch wertschätzen.

Üben Sie Dankbarkeit beim Abendessen

Das Abendessen ist eine gute Gelegenheit für die gesamte Familie zusammenzukommen und dankbar zu sein. Sie teilen die Dinge, für die Sie den Tag über dankbar waren. Was waren die besten Momente des Tages? Wofür waren Sie während des Tages sehr dankbar? Auch wenn es Tage gab, die nicht so gut verliefen, bleiben Sie konzentriert bei den Aspekten, für die Sie dankbar sind.

Wenn wir das Gefühl der Dankbarkeit, des Glaubens und der Erfahrungen mit anderen teilen, verhilft uns eine gute Verbindung aufzubauen. Diese Prozedur sollte aber nicht nur am Ernte Dankfest ausgeübt werden.

Schreiben Sie einen Brief

Gibt es jemanden, der ihr Leben nachhaltig positiv beeinflusst hat? Das kann jeder sein, ob Trainer, Freund, Lehrer oder Mentor. Haben Sie denen schon einmal gesagt wie wundervoll ihr Leben von ihnen beeinflusst wurde? Worauf warten Sie? Schreiben Sie einen handgeschriebenen Brief voller Dankbarkeit, an die Person, damit sie um ihre Wirkung auf ihr Leben und Wertschätzung weiß.

Es gäbe Pluspunkte auf ihrer Dankbarkeitsliste, wenn Sie diesen Brief persönlich abgeben oder ihn dieser Person laut vorlesen. Die Chancen stehen groß, dass diese Helden nicht einmal wissen, dass sie diese Wirkung auf ihr Leben hatten. Wenn Sie ihre Dankbarkeit gegenüber anderen offen zeigen und aussprechen können, werden Sie in Zukunft auf noch mehr wundervolle Menschen in ihrem Leben treffen.

Üben Sie, das Negative zu vermeiden

Versuchen Sie für ein paar Tage einmal nicht zu meckern oder zu lästern. Danach versuchen Sie es für eine Woche. Vermeiden Sie für ein paar Tage Kritik an anderen oder hinter deren Rücken schlecht über Sie zu sprechen. Sie werden überrascht sein wie viel positive Energie das freisetzt. Beschweren, Kritik üben und über andere lästern, lenkt unsere Energie zu negative, unproduktiven Gedanken. Wenn Sie allerdings mit Begeisterung über Menschen sprechen, sammeln sich positive Gedanken eher an und Sie fühlen sich besser.

Leisten Sie einen Beitrag

Wenn Sie einen Beitrag zu ihrem eigenen Leben leisten, werden Sie verstehen, wie viel Glück Sie haben einen Unterschied für andere und deren Leben zu geben. Ihr Selbstwertgefühl wird gesteigert, wenn Sie etwas von ihrer Zeit, ihrem Geld oder ihren Bemühungen als großzügigen Akt sehen und abgeben. Sie fühlen gleichzeitig mehr Dankbarkeit, wenn Sie realisieren, dass es ihnen mit dem was Sie haben sehr gut geht und Sie eine/r von wenigen sind, die dieses Glück haben.

Forschen Sie einmal in ihrer Nachbarschaft nach, ob es dort Menschen gibt, die sich sozial engagieren. Dort mitzuwirken, wird sie inspirieren und erheblich für ihr weiteres Leben sein. Freiwilligkeitsarbeit ist auch ein guter Weg sich mit Gleichgesinnten zusammen zu finden, um mehr über deren Mission zu lernen und um die Probleme derer zu verstehen, die weniger Glück im Leben haben als Sie. Das wird es ihnen einfacher machen, dankbar zu sein und vor allem etwas von dem zurück zu geben.

Komplimente, die von Herzen kommen

Wenn Menschen aufrichtige Komplimente bekommen, fühlen Sie sich wertgeschätzt und wahrgenommen. Und sind eher dazu befähigt, auch Komplimente zu verteilen. Der Geber des Kompliments wird eine tiefe Verbindung zur Güte erfahren. Jedes Kompliment verstärkt die Bindung zum Positiven. Geben Sie ernstgemeintes Lob und schmeicheln Sie nicht dahin. Halten Sie sich fern von zweifelhaften Komplimenten wie „Du kochst einfach zu gut für einen Mann."

Bleiben Sie konzentriert am Detail und vermeiden Sie schwammige Komplimente. Lieber sagen Sie jemandem, dass Sie ganz spezielle Elemente an deren Einrichtung sehr mögen, als das Sie ein allgemeines Kompliment zu deren Einrichtung machen. „Ich mag die Farbe der Gardine sehr oder die Wandfarbe", um nur ein Beispiel zu nennen.

Das macht das Kompliment authentisch und ehrlich. Auch wenn es verführerisch scheint, aber tun Sie nie ein Kompliment einfach ab. Indem Sie beispielsweise einfach sagen „Ich sehe nicht hübsch aus. Das ist nur der Winkel der Kamera und der Filter." Das wäre gleichbedeutend mit dem Zurückweisen einer gutgemeinten Geste.

Vereinen Sie sich mit der Natur

Mutter Natur ist der Ursprung allen Lebens. Seien Sie ihr, als eindrucksvolle Kraft dankbar. Machen Sie lange Spaziergänge. Nehmen Sie die natürliche Schönheit in ihrer Umgebung wahr. Picknicken Sie im Park oder am Strand. Erleben Sie die Morgensonne. Leihen Sie sich einen Kajak oder fahren Sie Kanu. Klettern oder Bergsteigen, oder andere Outdoor Aktivitäten, reservieren Sie einen Tisch auf der Terrasse ihres Lieblings-restaurants. Die Natur ist allgegenwärtig. Sie müssen nur die Pracht erkennen, Sie erfahren und sich mit ihr vereinen.

Kontaktieren Sie ihre Liebsten

Aufgrund unseres straffen Zeitplans und unsere Fülle an Aktivitäten vergessen wir oft unsere wertvolle Zeit mit unseren Liebenden zu verbringen. Jetzt kommen noch Smartphones hinzu und wir sind schon glücklich darüber, dass wir Emails schreiben oder einfach eine Textmessage schreiben können. Die Unterhaltung und bedeutsame persönliche Beziehungen verlieren an Bedeutung und entgleiten uns nach und nach.

Nehmen Sie deshalb jetzt den Hörer und rufen Sie ihnen nahestehende Menschen an. Lassen Sie sie wissen, dass Sie an sie denken. Rufen Sie einen Freund aus ihrer Kindheit an oder einen längst vergessenen Bekannten oder jemanden, den sie schon lang nicht mehr gesprochen haben, weil es in der Vergangenheit zu Missverständnissen kam. Vergessen Sie, dass Sie einmal verletzt wurden von der Person und schaffen Sie eine Beziehung, die auf Vergebung und dem Positiven beruhen. Dann bemerken Sie wie positiv und dankbar Sie sich danach fühlen.

Meditieren Sie

Meditation ist eine großartige Variante sich eine Auszeit zu nehmen und wieder mit ihrem Körper, Geist und ihrer Seele in Einklang zu gelangen. Suchen Sie sich einen ruhigen, positiven und hellen Ort, an dem sie Atemübungen oder geistliche Meditation ausüben können. Als erstes setzen Sie sich bequem hin. Schließen Sie ihre Augen und atmen Sie tief und bedachtsam ein. Konzentrieren Sie sich nur auf ihre Atmung.

Meditation ist keine komplizierte und aufwendige Übung und sollte das auch nicht sein. Tun Sie das, was für Sie am besten ist. Einfach und beharrlich. Atmen Sie tief durch und betrachten Sie dabei ihren Körper. Konzentrieren Sie sich nur auf das Atmen, nicht auf andere Gedanken. Wie fühlt sich das an? Richten Sie ihre Aufmerksamkeit auf die Wirkung und den Ablauf in ihrem Körper. Wie fühlt sich ihr Körper an? Was fühlen Sie in den einzelnen Teilen ihres Körpers? Wie fühlt sich ihr Geist an? Diese Übung hilft ihnen dabei alles Äußere auszuschalten und ihr Inneres strahlen zu sehen.

Achten Sie auf ihre Worte

Dankbare Menschen nutzen bewusst oder unbewusst ein anderes sprachliches Muster. Das beruht auf Segnung, Glück und Spaß am Leben. Aus ihren Worten klingt immer Dankbarkeit für das Leben heraus. Die Sprache dieser

Individuen rührt her vom bewussten Reichtum und nicht vom Mangel an etwas. Sie sind sich ihrer tiefen Dankbarkeit bewusst. Achten Sie auf ihre Worte, darauf was sie sagen, denn die positive Sprache schafft ein spezifisches Bild des Positiven. Und es erlaubt uns, daran zu denken wie gut es uns geht.

Die Wörter, die wir gebrauchen, sind beständige Übermittler an unser Unterbewusstsein. Diese lenken unsere Aktionen, die authentisch mit unserer geistigen Anweisung sind. Unser Verstand glaubt das, was wir ihm zuführen. Worte sind das perfekte Futter für unseren Geist. Alles, was wir sagen, hält es für wahr und leitet es direkt weiter an die Ausführung unserer Handlungen, um es dann mit der Realität zu synchronisieren. Deshalb gilt: Je positiver wir sprechen, desto höher ist der Effekt auf unsere positive und zielführenden Handlungen.

Verweilen Sie in der Gegenwart

Bleiben Sie gedanklich in der Gegenwart, wird es ihnen leichter fallen, dankbar dafür zu sein, was sie augenblicklich besitzen. Wir erkennen und wertschätzen die Schönheit der Gegenwart. Hier liegt der Schlüssel unserer Dankbarkeit. Es ist vergleichbar mit einem Energiefeld, auf dem ihr Leben beginnt. Sich Dankbarkeit darüber ausdrückt und ihre Zukunft schöner macht.

Machen Sie sich allerdings nur Sorgen um die Zukunft, hat das einen negativen und destruktiven Effekt auf ihre gesamte Stimmung. Erinnern Sie sich daran: Ihre Gedanken, Worte und Handlungen sind derartig kraftvoll, ihren Lebenskurs zu bestimmen.

Kapitel 3: Negative und zerstörerische Gedanken stoppen

Ja, es ist eine Herausforderung ständig positiv und glücklich zu sein. Negative Gedanken kommen, trotz Anstrengungen, immer mal wieder einfach auf. Sie werden sie öfter am Anfang ihrer Phase des positiven Denkens bemerken. Allerdings werden Sie mit der Zeit schwächer. Was tut man dennoch, wenn die negativen Gedanken aufkommen? Wie kann man sie daran hindern, ständig wieder sichtbar zu werden? Im Folgenden zeigen bewährte Strategien wie negative Gedanken bekämpft werden können, um positive Gedankengänge zu zulassen.

Lassen Sie ihren Geist einkaufen

Eine Technik, die für einige Menschen sehr gut funktioniert, wenn sie von negativen Gedanken wieder übermannt werden, ist, sich bildlich vorzustellen in einem Supermarkt zu stehen. Versuchen Sie sich die Artikel und die Auswahl dieser Artikel, auszumalen. Wahlweise können Sie sich auch die Anordnung von Büchern im Regal oder eine Song Playlist vorstellen. Das wird ihnen dabei helfen, sich auf bestimmte Dinge schnell zu konzentrieren. Jedes Mal, wenn destruktive Gedanken aufkommen, stellen Sie sich einfach diese Playlist, die Anordnung der Bücher usw. vor. Egal, ob einmal oder 30 mal pro Stunde.

Zu Beginn ist das allerdings nur eine Vorrübergehende Lösung. Allerdings kann diese Übung ihr positives Denken, ihre Stimmung und ihre Entscheidungsfindung erheblich verbessern, wenn Sie diese nur oft genug anwenden. Diese Technik trainiert ihr Hirn in eine andere Richtung zu denken, sobald unerwünschte Gedanken erzeugt werden.

Wenden Sie sich ab von negativen Gedanken

Manchmal kann es schon helfen einen negativen Gedanken loszuwerden, wenn man ihn auf ein Blatt Papier schreibt und dieses Papier in den Müll wirft. Laut einer Studie der Ohio State Universität aus dem Jahre 2012, besaßen Menschen, die ihre negative Gedanken auf Papier notiert und später weggeworfen haben, ein positiveres Selbstbild innerhalb weniger Minuten hatten, nachdem sie die Handlung ausführten, als jene, die es behielten. Alles, was Sie tun, sind ihre Gedanken als etwas wertvolles auszuzeichnen oder zu bewahren.

Die Art und Weise wie sie ihre Gedanken bezeichnen, macht einen großen Unterschied darin, wie Sie die Gedanken nutzen, laut Richard Petty, PhD, Professor für Psychologie. Sie können die gleiche Übung auch über den Computer und den „virtuellen Papierkorb" tun.

Genießen Sie eine Tasse Tee

Sobald negative Gedanken aufgrund von Einsamkeit entstehen, sollte es warm sein, damit ihr Wohlgefühl wieder ansteigen kann. Laut einer Studie von 2012 der Yale University denken Menschen weniger negativ über vergangene Einsamkeit, wenn sie einfach etwas Warmes in ihren Händen halten. Positive Gefühle entstehen, weil wir tendenziell eher das Warme und die Wohlfühlzone in einsamen Situationen suchen. Ein Trick ist es deshalb, einfach eine Tasse Tee oder eine warme Dusche zu genießen, damit man sich schnell emotional stabiler fühlt. Dennoch sollten Sie diese schnelle Hilfe nicht durch menschliche Beziehungen ersetzen.

Denken Sie nicht in Extremen

Vermeiden Sie es in Extremen zu denken. Es gibt kein Schwarz oder Weiß. Der Alles oder nichts-Ansatz funktioniert nicht im Kampf gegen negatives

Denken. Negatives kann schnell in Extreme umschlagen. So werden Sie beispielsweise glauben, wenn ein Test nicht gut verlaufen wird, dass sie komplett versagen werden.

Selbiges passiert, wenn ihr unternehmerisches Vorhaben lange keinen Erfolg zeigt und Sie sich schon darauf vorbereiten, dass das Unternehmen untergehen und Sie finanziell ruinieren wird. Wir tendieren leider dazu, unsere Ängste zu hoch zu spielen. Was sonst kann das Gefühl beschreiben, wenn jemand während meiner Präsentation dazwischen ruft?

Diese Gedanken verfehlen leider oft die subtileren Nuancen. Sie machen unseren Blick auf die Zukunft katastrophaler und dramatischer. Wir haben bereits das Gefühl, dass Misserfolge, Katastrophen und Unheil über uns kommen. Natürlich ist es das nur zeitweise. Allerdings besteht unser Leben nicht aus scharfen Äußerungen, die wir manchmal aussprechen. Mehrheitlich ist das, was wir erleben grau und nicht schwarz oder weiß.

Realistisch scheint es nicht, Negatives ganz plötzlich in positive Gedanken umzuwandeln. Aber suchen Sie nach grauen Schattierungen, die ihre Gedanken schrittweise verwandeln. Denken Sie über ihre Beziehungen nicht an komplette Katastrophen oder an das Perfekte, denken Sie nur an einige schöne und an weniger schöne Gesichtspunkte, gleich so wie in jeder anderen Beziehung. Das wird ihre Gedanken ausbalancieren, Sie weniger negativ und destruktiv machen.

Schreiben sie Negatives auf. Führen Sie das Schlimmste, was ihnen in Erinnerung bleibt, an. Später notieren Sie dann mindestens 3-4 weniger Schlimme. Schreiben Sie ausgeglichen und realistisch, was das Schlimmste wäre, was passieren könnte. Anstatt der Vorstellung, dass alle anderen ihre Präsentation hassen werden, sagen Sie sich, dass es ein guter Mix aus allem sein wird.

Sie sind nicht für alles verantwortlich

Warum denken wir eigentlich fast immer, wenn uns etwas tolles im Leben passiert, dafür seien Glück oder andere Menschen verantwortlich? Wohingegen wir, wenn etwas Schlimmes passiert, immer zu erst uns selbst die Schuld dafür geben? Das könnten wir einfach umgehen, indem wir die negativen Dinge ignorieren. Denn, wenn wir negative Gedanken erst aufnehmen, kommen auch die Schuldgefühle.

Denken Sie kritisch über diesen Einfluss nach, den sie hatten, als etwas nicht nach ihren Wünschen geschah. Zum Beispiel war etwas, was sich als sehr schrecklich erwies, gar nicht in ihrer Hand, es anders zu machen. Lernen Sie das Positive und nicht das Negative zu verinnerlichen. Natürlich bedeutet das nicht, für unser Handeln nicht die Verantwortung zu übernehmen. Es heißt nur, dass wir uns nicht für alles die Schuld geben sollen. Also, wenn etwas Schönes passiert, akzeptieren Sie die Geschenke, die sich uns bieten und machen Sie nicht andere/s dafür verantwortlich. Alles, was wir für Erfolg brauchen, liegt in uns und stimmt uns positiver.

Spielen Sie etwas Positives nicht herunter

Negative Gedanken machen es ihnen schwer, das Positive zu erkennen. Es ist wie ein Filter, der alles Positive fernhält. Wir neigen dazu Rückschläge zu übertreiben und den Erfolg zu minimieren, was uns wiederum ein elendes Gefühl verleiht.

Sie sollten sich jedoch angewöhnen, die Niederlage nur zur Kenntnis zu nehmen und es als kurzlebig abbuchen. Denn bedenken Sie, dass wir immer das finden, wonach wir auch suchen. Gewöhnen Sie sich eine ausgeglichene Denke an. Für jeden negativen Einfall über eine Person, finden sie einfach etwas Positives. Auch wenn ihre Teamkollegen nicht konzentriert an dem

Projekt arbeiten, können Sie eine positive Stimmung schaffen, indem Sie die stressige Situation mit lustiger und auflockernder Art verbessern. Sehen Sie, was da passierte? Wir haben einfach das nicht ganz so Positive mit einer sehr positiven Eigenschaft ergänzt. Positives ist immer da. Wir müssen nur zulassen, es zu erkennen.

Lasen Sie Vermutungen

Mit der Unsicherheit kommt sehr oft auch die Tendenz, Vermutungen anzubringen und Gedanken lesen zu wollen. „10 Minuten sind schon vergangen und ich habe immer noch keine Nachricht zurückbekommen. Bestimmt mögen sie mich nicht." Na, wie oft hatten sie diese Gedanken schon? „Sie haben nur so gesagt, dass ich gut aussehe, damit ich mich besser fühle. Aber sie meinten es nicht ehrlich."

Wir geben Dingen eine Bedeutung und bringen Sie in einen Kontext, bevor wir überhaupt die nötigen Beweise für unsere Gedanken haben. Wir bilden uns ohne Grund etwas ein und glauben ohne Beweise. In derartigen zweideutigen oder unsicheren Szenarien, ist es besser, die Gedanken kurz anzuhalten. Das ist entscheidend für den Kampf gegen negative Gedanken. Wenn Sie selbstlernend sind, hilft es ihnen, nicht in die Falle des negativen Denkens zu tappen. Sie können ihrem Verstand antrainieren, in den neutralen Gedankenmodus zu wechseln, wenn Sie wieder einmal in einer unsicheren Situation sind.

Wenn Sie zum Beispiel jemand nicht zurückruft, denken Sie nicht gleich, derjenige mag Sie nicht oder sei verstorben, sondern versuchen Sie einen leeren Akku oder fehlendes Gesprächsguthaben oder wichtige Aufgaben in Betracht zu ziehen. Diese Gründe beziehen sich nicht auf Sie und befinden sich nicht in ihrer Hand, und sind außerdem genauso plausibel wie jeder andere Grund.

Visualisieren Sie eine angenehme Umgebung

Verbildlichen Sie sich in einer angenehmen Umgebung zu sein, sobald sie negative Gedanken wahrnehmen. Sie könnten an einem Strand oder auf einem Berg oder in einem Wald stehen. Stellen Sie sich selbst in ihrer Lieblingssituation vor. Cocktailtrinkend, Bergsteigend oder Tiere fütternd auf einem Bauernhof. Es sollen schöne Szenarien sein und positive Aktivitäten. Das verhilft ihrem Verstand negative Gedanken abzuwehren und positive Gefühle zu entwickeln.

Tafel der Vision – Gestalten Sie eine Tafel mit ihren Visionen. Das ist nicht einfach nur eine Wohlfühlübung. Eher ist es ein Prinzip, dass Visionen ihre mentale Energie ändern können. Sie haben Einfluss auf unsere Gedanken, Gefühle und schlussendlich auch auf unser Handeln und Verhalten. Der metaphysische Begriff des Gesetzes der Anziehung besagt, dass wir alles anziehen, was wir denken. Das Universum gibt uns die Gedankenenergie, die wir ihm übertragen. Wenn Ihre Gedanken mit einer positiven Frequenz arbeiten, erhalten Sie eine passende Frequenz zurück. Also, für die Erfüllung Ihrer Ziele, brauchen Sie positive Gedanken und geistige Energie.

Wenn Sie ihrer Visionstafel Bilder beifügen, wird es ihre Ziele noch besser präsentieren. Diese Bilder verleihen ihrem Unterbewusstsein eine Art Impressum, jedes mal wenn Sie sie anschauen. Das führt dazu, dass das Unterbewusstsein ihre Handlungen harmonisch zu den Gedanken ausführt. Heften Sie die Bilder an diese Tafel oder auf ein großes Blatt Papier. Bewahren Sie es dort auf, wo Sie es jeden Tag ansehen können.

Mit dieser Collage können Sie ruhig kreativ sein. Kleben Sie ihr Lieblingszitat ein oder inspirierende Worte aus ihrem Lieblingsbuch. Zeichnen Sie die Vision ihres Traumhauses oder Ladens. Skizzieren Sie ihren nächsten Urlaub mit Bildgeschichten, Stickern, Zeichnungen und allem, was ihre Vision bekräftigt. Es ist ihre Visionstafel, also gestalten Sie diese ruhig personenbezogen, bedeutsam und überwältigend.

Schneiden Sie Bilder aus und schreiben Sie Positives dazu, um ihre Gedanken und Ziele klarer formulieren zu können. Bevor Sie zu Bett gehen, verbringen Sie noch einmal ein paar Minuten vor dieser Collage und denken an ihre Ziele. Diese Minuten sind sehr wichtig, um die Bilder in ihren Geist einzubetten.

Denken Sie daran, dass die Gedanken oder Visionen, die Sie 45 Minuten vor dem Schlafen wahrnehmen in Ihrem Unterbewusstsein während des Schlafen sein werden. Mit diesen Gedanken und Visionen starten Sie ihren Tag. Jeder Tag beginnt mit einer Schwingung, die zu Ihren zukünftigen Zielen passt. Also, halten Sie ihre Visionstafel einfach, klar aber bedeutsam. Es muss nicht perfekt sein, aber personell und für Sie maßgeblich. Es sollte ein starkes verlangen nach ihrem Ziel auslösen. Ihre Gedanken sollten davon inspiriert und beeinflusst werden.

Verwenden Sie optische Elemente und Wörter, die Ihren Zweck und gewünschte Zukunft darstellen. Sie sollten positive Emotionen hervorrufen. Zu viele visuelle Elemente erreichen eventuell das Gegenteil, denn es erschwert den Fokus auf die wichtigen Ziele. Vielleicht möchten Sie auch verschiedene Tafeln für verschiedene Ziele erstellen. Zum Beispiel eines für ihre persönliche Ziele und eines für ihr finanzielles oder Karriere Ziel.

Erkennen Sie die Auslöser für negative Gedanken

Laut einiger Studien sind negative Gedanken ein Ergebnis der Evolution, in der wir verdrahtet wurden, um unsere Umgebung auf potenzielle Gefahren oder Verbesserungsmöglichkeiten oder Dinge, die behoben werden sollen, abzusuchen.

Negative Gedanken werden durch Sorgen, Angst oder ein Gefühl, Demütigung oder Angst, oder Dinge, die uns Gefahr aussetzen könnten. Negatives Denken kann auch ein Teil unseres gelehrten Verhaltens sein, das im Kindesalter erlernt wurde. Es kann an Depressionen oder ein vergangenes Trauma mit Selbstzweifel / Schuld / Scham / Bedauern gekoppelt sein.

Identifizieren Sie alle beunruhigenden Umstände oder Bedingungen, die direkt mit unangenehmen Gedanken verbunden sind. Für einige Menschen können das Präsentationen oder Geschäftstreffen sein. Für andere kann es der Umzug in eine andere Stadt oder in ein neues Haus sein. Neue Beziehungen oder das Auflösen einer alten Beziehung oder ein neuer Arbeitsplatz sind häufige Auslöser. Diese Auslöser können identifiziert werden, indem sie ein Tagebuch schreiben und alles notieren, was Sie in eine negative Stimmung bringt. Sobald Sie diese typischen negativen Gedanken, die stimulierend wirken, erkannt haben, wird es einfacher, sie zu managen.

Informelle Verhaltenstherapie

Sie können versuchen, selbst mit kognitiven Verhaltenstherapien gegen negative Gedanken zu steuern. Wenn Sie in der Lage sind, ein negatives Denkmuster zu identifizieren, indem Sie es bewusst einstellen, können Sie anfangen, an Ihren Denkmustern zu arbeiten. Jedes Mal, wenn Sie sich in den negativen Gedanken-Modus bewegen, suchen Sie nach konträren Beweisen für ihre Behauptungen.

Zum Beispiel, wenn sie der Meinung sind, nie in der Lage zu sein das aktuelle Projekt rechtzeitig fertigzustellen, denken Sie einfach an 3-4 Beispiele, an denen Sie festmachen können, dass es in der Vergangenheit auch anders ging. Lenken Sie ihr Bewusstsein auf Dinge, die völlig im Widerspruch zu Ihren Ängsten oder Befürchtungen stehen. Denken Sie an Dinge, die Sie erfolgreich absolviert haben oder an die Zeiten, an denen Menschen sie für ihre Arbeit gelobt haben.

Achten Sie auf das, was Sie besitzen und die Dinge, die Sie erfolgreich in der Vergangenheit getan haben, wenn Sie die kognitive Verhaltenstherapie praktizieren. Dies zieht Sie aus dem Netz der selbstbegrenzenden Gedanken heraus. Setzen Sie diesen Gedanken in der Praxis um, indem Sie etwas tun, anstatt es sich nur vorzustellen. Anstatt nur daran denken, ein komplettes Chaos in der kommenden Präsentation zu verursachen, lieber die Präsentation vor ein paar Menschen vorab halten, um zu beweisen, wie alles in Ordnung sein wird. Fragen Sie andere für ihre ehrliche Meinung und schauen Sie, ob ihre Gedanken mit denen der anderen übereinstimmen.

Versuchen Sie, bestimmte Wörter oder Aussagen zu ersetzen, um ihnen eine positive Wendung zu geben. Anstatt zu sagen, "Ich hätte das lieber nicht gesagt", können Sie sagen: "Ich bin verärgert, dass ich es gesagt habe und werde es in Zukunft vermeiden." Allmählich können diese kognitiven Verhaltenstherapie-Übungen Ihre Gedanken zu weniger Schuldzuweisungen gegen sich selbst hin zu mehr positiven und realistischen führen.

Vermeiden Sie die Opferrolle

Hören Sie auf, das Opfer zu spielen, selbst wenn Dinge nicht in ihrer Kontrolle liegen. Sie können Umstände oder anderer Personen Handlungen nicht kontrollieren. Allerdings haben Sie die vollständige Kontrolle über Ihre Resonanz auf andere. Akzeptieren diese einfache, aber tief greifende Tatsache und es wird Ihr Leben erleichtern. Sie werden aufhören, sich als hilfloses Opfer zu sehen und verantwortungsbewusster mit der Situation umgehen. Seien Sie nicht passiv mit Dingen, die in Ihrem Leben passieren. Ergreifen Sie die Initiative und holen Sie sich die Kontrolle über das, was Sie können zurück, und lassen Sie sein, was Sie nicht können. Das Opfer zu spielen, bringt Sie in einen hilflosen und unglücklichen Geisteszustand. Es lässt Sie glauben, dass das Leben nicht fair zu Ihnen ist, was für positives Denken kontraproduktiv ist.

Zum Beispiel werden Sie nie einen Arbeitskollegen oder ein nerviges Familienmitglied ändern können. Jedoch, liegt es an ihnen oder an ihrer Reaktion auf deren Handlungen. Geben Sie niemals die Kontrolle über sich an andere ab. Steuern Sie Ihre Gedanken unabhängig. Meistern Sie ihre eigenen Gefühle, Reaktionen und Gedanken. Eliminieren Sie Dinge oder Menschen, die Ihr Leben negativ beeinflussen. Akzeptieren, was nicht geändert werden kann. Das spart Ihnen Energie, die Sie umsonst für negative Beschäftigungen ausgeben würden.

Bringen Sie Positives in das Leben Anderer

Eine der besten Möglichkeiten, negativen Gedanken zu begegnen, ist sich nach Außen zu richten und anderen ein gutes Gefühl zu geben. Geben Sie Positives an andere weiter, werden Sie Positives zurück erlangen und somit einen optimistischen Lebensweg einschlagen. Automatisch werden Sie sich besser fühlen, wenn Sie jemandem ein gutes Gefühl gegeben haben.

Sprechen Sie ein ernst gemeintes Kompliment aus. Bieten Sie Ihre Hilfe anderen Menschen an. Wenn Sie umgeben sind von Menschen, hören sie aufmerksam und bedacht zu. Haben Sie ein Ohr für deren echte Probleme. Bieten Sie ihre Hilfe an, die bei der Lösung eines Problems nützlich sein kann. Seien Sie in schwierigen Zeiten für Menschen da. Bleiben Sie mit Menschen in Kontakt, die es nicht so gut haben wie sie.

Reden Sie darüber

Negatives Denken kann das Ergebnis eines Gedankenprozesses sein, der auftritt, wenn wir grundsätzliche Probleme haben, die nicht an etwas bestimmtem festgemacht werden können. Sie können alle Gefühle und tieferen Fragen für sich behalten, die das negative Denkmuster fortsetzen. Ein Gespräch mit einem engen Freund oder Familienmitglied kann Sie da herausholen. Oder Sie sprechen mit einem Berater, Therapeut, Psychologe oder

Verhaltensspezialist. Sie können Ihre tiefverborgenen Probleme damit in den Vordergrund bringen, denn das hilft sie loszuwerden und ist wirksamer als jede andere Behandlungsmaßnahmen wie Medizin.

Wörter, die Sie den negativen Gedanken hinzuführen, sind dafür verantwortlich, dass Sie ständig in ihrem Kopf bleiben, weil Sie ihnen durch die Wörter eine Form gegeben haben. Anstatt in Extremen zu denken, sollten Sie lieber eine ausgeglichene Sichtweise einnehmen, wenn Sie handeln. Der Standpunkt der anderen Person kann unseren Gedanken mehr Klarheit verschaffen. Sobald Sie die Wurzel identifizieren, wird es einfacher, das Problem anzugehen.

Ändern Sie die Häufigkeit ihrer Gedanken

Negatives Denken ist die Folge einer schlecht entwickelten Sichtweise. Wenn wir in den negativen Denkmodus verfallen, nehmen wir keine gesunde Sichtweise der vorhandenen Fragen an. Ändern Sie Ihre Gedanken. Der Klang dieser macht es ihnen leichter ein positives Gefühl zu verspüren. Anstatt zu denken, dass Sie eine harte Zeit mit echten Herausforderungen haben, denken Sie lieber darüber nach, wie Sie an potenzielle Lösungen kommen. Sie ändern einfach die Häufigkeit Ihrer Gedanken von negativ zu positiv.

Sie denken das gleiche, außer dass der Ansatz nach Lösungen zu suchen, ihnen eine positive Richtung aufzeigt. Manchmal ist alles, was Sie brauchen, eine leichte tonale Verschiebung, um eine große Veränderung in Ihren Gedanken herbeizuführen.

Kapitel 4: Positiv Denken mit Meditation

Stellen Sie sich vor, wie schön es wäre, eine tiefere Verbindung mit ihrem Inneren herzustellen. Die Vorteile des Abstimmens mit ihrem Inneren, und die Schaffung eines positiven und mentalen Rahmens kann nicht untergraben werden. Meditation ermöglicht Ihnen, Dankbarkeit, Objektivität und Balance auszulösen. Es ersetzt zerstörerische, selbstbegrenzende und negative Gedanken mit konstruktiveren und positiveren Gefühlen.

Sie wissen bereits, dass Meditation mehrere physische, kognitive und psychologische Vorteile hat. Jeder, den Sie kennen, übt es auf unterschiedliche Weise aus. Es gibt Dutzende von Methoden und Techniken, die eine Auswahl der passenden Methode erschweren. Wer ein Leben auf der Überholspur lebt, kann von der aktiven Meditation profitieren. Es umfasst, sich auf einen Gedanken zu fixieren oder das Bewusstsein auf einen einzigen Gedanken, eine Visualisierung, Idee oder ein Konzept zu leiten. Die Entscheidung, sich auf etwas im Inneren zu konzentrieren, hilft Ihrem Verstand dabei, die negative Unordnung und Gefühle zu verwerfen. Es erlaubt Ihnen, alles aus einer nicht-wertenden Perspektive zu sehen.

Achtsame Meditation - Achtsamkeit ist die Ausübung, sich intensiv und vorsätzlich auf die Gegenwart zu konzentrieren. Es geht darum, ihre Aufmerksamkeit auf Ihre Empfindungen, Gefühle, Gedanken und Emotionen zu richten, ohne sie zu bewerten. Sie legen ihre komplette Aufmerksamkeit auf Ihren Körper, Geist und Seele während einer dieser Sitzungen.

Setzen Sie sich nun bequem auf ein Kissen, auf den Boden oder den Stuhl. Halten Sie Ihren Rücken, ohne sich anzulehnen gerade und achten Sie auf eine gesunde Körperhaltung. Befreien Sie Ihren Geist von allen vorherrschenden Gedanken. Achten Sie auf ihren Atem. Atmen Sie ein und langsam wieder aus. Achten Sie nur auf Ihren Atem. Lenken Sie ihre Aufmerksamkeit immer wieder auf Ihre Atmung während der Meditationssitzung. Achten Sie genau auf Ihre Gedanken, Gefühle und körperlichen Empfindungen. Das Ziel ist, ein vollständiges Bewusstsein über uns und allem, was geschieht, ohne das Selbst zu verlieren. Ein objektives Bewusstsein ist das Schlüsselwort.

Es ist normal, dass ihr Geist mit Klängen, Gefühlen, Gedanken und Empfindungen abgelenkt wird. Wenn das allerdings auftritt, führen Sie sanft Ihre Aufmerksamkeit zurück zum Atem. Sie sind nicht ein Teil des Denkens oder der Empfindung. Auch wenn Sie sich dessen noch bewusst sind. Sich bewusst über ein Gefühl oder eines Gedanken zu sein, ist völlig anders, als mitten drin zu sein.

Achtsamkeit trainiert, die vollständige Kontrolle über Ihre Gedanken und Gefühle zu gewinnen und leiten Sie zur Stille an, zu einem größeren Gefühl der Objektivität. Dies hilft, Ihre Gedanken neutraler, objektiver und gegenwärtiger zu machen. Nach einiger Zeit werden Sie die Übung genießen und schätzen, denn ihr Geist fühlt sich wunderbar an.

Sie können die Übung der Achtsamkeit auch während alltäglicher Aktivitäten wie Wandern, Arbeiten und Essen ausführen. Achten Sie genau auf die Tätigkeit, die sie gegenwärtig tun und seien sie sich dieser bewusst.

Sie folgen keinem automatisierten Modus. Alles, von den Gedanken bis zu den Gefühlen unterliegt ihrer Kontrolle. Achten Sie genau auf die Worte, die Sie verwenden, während Sie sprechen. Hören Sie Ihren Worten aufmerksam zu. Seien Sie geistig anwesend, wenn Sie beispielsweise zu Fuß gehen, indem Sie sich ihrer Körperbewegung, dem Klang, wenn Ihre Füße den Boden berühren und die Empfindungen, die Sie erleben, bewusst sind.

Taoistische Meditation - Die grundlegenden Eigenschaften der taoistischen Meditation sind die Schaffung, Transformation und Verteilung der inneren Energie. Das Ziel ist, Körper und Geist zu beruhigen, die Einheit von Körper und Geist zu verwirklichen und inneren Frieden zu finden. Einige Tao-Stile erhöhen das Wohlbefinden und die Lebensdauer.

Taoistische Meditation visualisiert den inneren Geist und Körper, einschließlich der Organe, Kräfte und vitalen Bewegungen. Es bildet sich heraus aus Denkprozessen. Bei der neiguanischen Technik der taoistischen Meditation handelt es sich, um die Steigerung ihres Bewusstsein für die Weisheit der Natur in Ihrem Körper.

In taoistische Meditationssitzungen setzt man sich in den Schneidersitz auf den Boden. Die Augen sind halb geschlossen und auf die Nasenspitze fokussiert. Das Ideal für Tao-Meister ist es, ein einheitliches Gefühl von Atem und Geist zu erreichen. Wenn dies nicht erreicht werden kann, versuchen Sie ihren unteren Bauch zu fixieren.

Gelenkte Meditation - Gelenkte Meditation ist eine weiterentwickelte und zeitgemäße Mediationsübung mit Willenskraft und absoluter Entschlossenheit. Da wir in sehr unterschiedlichen Zeiten leben, in denen unsere Aufmerksamkeitsspanne begrenzt ist und die schnellen Ablenkungen wahrscheinlicher sind, wird gelenkte Meditation oft als Mittel genutzt, meditative Kraft zu entwickeln.

Gelenkte Meditation wird in der Regel mit Hilfe von Audio-oder Video-Anweisungen oder von einem Lehrer nähergebracht. Die Stimme des Lehrers lenkt Ihre Aufmerksamkeit hin zu einem meditativen Zustand. Traditionell verläuft diese Meditation ohne Musik. Das Hauptziel ist es, die Praxis zu vertiefen und ihre Vorteile zu genießen.

Gelenkte, bildliche Darstellung als eine Technik, die die Kraft der Visualisierung und Phantasie verwendet, um Ihre Gedanken zu kanalisieren. Es führt Sie durch ein Szenario, an ein Ziel oder durch eine Reise, die Sie sich vorstellen. Das Ziel ist es, zu heilen und zu entspannen, und sich ihrem Ziel nähern.

Gelenkte Visualisierungen machen sich die Stärke des Unterbewusstseins zu nutze, um die Ziele zu verwirklichen. Wenn Sie sich ständig in einem bestimmten Zustand befinden, wird es für das Unterbewusstsein einfacher, diese Bilder zu behalten und unser Verhalten synchron nach ihnen auszurichten.

Um den Geist stärker davon zu beeindrucken, können Bekräftigungen verwendet werden. Einige Menschen üben auch die Entspannung und Körper-Scan-Technik der gelenkten Meditation aus, um eine tiefe, körperliche Entspannung zu erreichen. In der Regel wird diese Übung von Naturgeräuschen oder beruhigender Instrumentalmusik begleitet.

Ohne Anstrengung meditieren

Mühelos und trotzdem beim Meditieren präsent sein, bedeutet, die Aufmerksamkeit nicht auf etwas Besonderes zu lenken, sondern stattdessen darauf abzielt, weniger das Bewusstsein durch Auswahl zu nutzen, dafür aber den Geist Entleeren oder die Entscheidung für ein reines Sein wählen. Die meisten traditionellen Meditations-techniken legen Wert darauf, den Geist zu trainieren und zwar in nahtloser, absoluter Stille, um tiefe Bewusstseinszustände zu erreichen. Der Fokus auf ein Objekt oder den Prozess tritt in den Hintergrund und das, was die reine Anwesenheit ihres wahren Selbst ist. Diese Art der Meditation benötigt intensives Üben.

Selbsterkundung - Selbsterkundung ist eine Form der mühelosen Meditation. Es ist eine einfache, subtile und abstrakte Klangpraxis. In dieser Praxis stellen Sie sich in das Epizentrum des Universums. Das Ego oder Ich ist bei allen unseren Emotionen, Wahrnehmungen und Gedanken gegenwärtig. Dennoch ist uns das "Ich" im wirklichen Bewusstseinszustand oft nicht bewusst.

Diese meditative Übung erlaubt es uns zu hinterfragen. Indem wir in unsere tieferen Ebenen des Bewusstseins gehen, indem wir uns Fragen stellen, um die Aufmerksamkeit auf ein subjektives Gefühl des Selbst, der Selbst-Präsenz und der Existenz zu lenken. Es ist ein reines Bewusstsein. Das "Ich bin" oder das Gefühl des Seins ist, worauf der Fokus liegt. Halten Sie das "Ich" rein, ohne sich auf das Motiv zu konzentrieren.

Kapitel 5: Geben Sie Raum für positive Gedanken

Sie möchten gern ein paar Kilo abnehmen, um wieder in Ihre Anzüge zu passen. Dazu allerdings müssen Sie ihre Essgewohnheiten ändern. Ungesunde Snacks zwischendurch müssen drastisch gesenkt werden. Sie möchten auch einem straffen Sportplan folgen. Sie wollen 7-8 Stunden pro Tag schlafen. Am Arbeitsplatz wollen Sie auch einen Blog organisieren und sich dazu noch einiges mehr an Arbeit übertragen. Sie wollen ein Buch schreiben. Dann gibt es da noch die Vermarktung Ihrer Dienstleistungen in den sozialen Medien. Möglicherweise möchten Sie auch noch Ihr Profil um ein paar Auszeichnungen mehr, erweitern. Grundsätzlich wollen Sie sich in eine menschliche Überkraft verwandeln.

Sie sind offensichtlich dabei ihr Leben völlig zu überladen. Es gibt noch einiges, was ihnen aus ihrer Vergangenheit nachhängt. Das sind vielleicht Zukunftsängste. Aber ohne, dass Sie mit ihrer Vergangenheit abgeschlossen haben, steht ihrer Zukunft eine Art Unordnung im Weg. Wie oft muss es ein neues Sofa für das Wohnzimmer sein, weil das alte nicht mehr bequem ist? Und dennoch können Sie das alte Sofa nicht wegwerfen, weil es dann für den Müll doch noch zu gut ist? Jetzt bleiben beide Sofas im Wohnzimmer stehen. Kommt Ihnen das bekannt vor?

Physische Unordnung verursacht viele körperliche Hindernisse und macht es ihnen schwer, das wirklich wichtige zu finden. Körperliche Unordnung kann auch dazu führen, dass es in unseren Geist eindringt und ihn einfriert. Unsere Entscheidung einen Prozess in Gang zu setzen, alles aufzuräumen, vernebelt uns unsere Gedanken. Dies spiegelt sich sofort in unserem Verhalten wider. Es führt zu einem Zustand der Verwirrung, und verwirrtes Verhalten führt zu einem größeren Verlust.

Wir füllen unseren Kleiderschrank, ohne vorher auszumisten und die alten Sachen weg zu werfen, die vermutlich seit den letzten 4 Jahren nicht benutzt wurden. Unsere Leidenschaft gerät in den Hintergrund, da wir jetzt tägliche Zwänge, Arbeitsabläufe und unendliche Listen abzuarbeiten haben. Wir belügen uns oft selbst, wenn wir glauben, dass schon alles gut und richtig ist.

Wie oft mussten Sie extra Servicegebühren bezahlen, weil Sie die Dokumente der Garantieleistung verlegt hatten? Wie oft haben Sie wichtige Dokumente durch Unordnung verloren? Sie finden eine Menge abgelaufener Karten, aber nicht die Garantiekarte, die Sie wirklich suchen. Diese ist offensichtlich in einem Wirrwarr verloren gegangen. Und Sie zahlen dafür dann zusätzliche Gebühren und fühlen sich elend. Dies ist einladend für negatives Denken, Fühlen und Verhalten.

Einen Raum aufzuräumen ist vergleichbar damit, Ihren Geist von Negativität und unerwünschter Unordnung zu befreien. Wenn Sie Ihren Raum von Objekten, die sie lange aufbewahrt haben, freimachen, dann gewinnen Sie Platz für das Positive. Sie machen in Ihrem Kopf Luft für Positivität und klarere Gedanken. Das Beseitigen von Störungen ermöglicht es Ihnen, Dinge schneller zu lokalisieren, effizienter zu handeln, kostbare Zeit zu sparen und Energien kreativer zu gestalten. Sie führen ein weniger stressfreies Leben mit erhöhter Produktivität und höherer Leistung. Dies versetzt Sie ganz einfach in eine positivere Stimmung.

Jetzt haben wir das Negative an angestauter Unordnung herausgearbeitet und nun gehen wir weiter. Wir richten uns an das Innere und gehen damit unsere Ängste und negative Gedanken an. Wenn wir unsere Verluste, die aufgrund von Unordnung entstehen, mit der einfachen Lösung aufzuräumen überwinden wollen, dann mit dem positiven Gedanken daran, was ein sogenanntes De-Cluttering erwirken kann. De-Cluttering, also Raum geben, bringt uns wieder in die richtige Bahn, Dinge aus einer positiven Perspektive zu sehen. Hier ist ein Aktionsplan, um über De-Cluttering Ihren Raum für mehr Positivität und Effizienz zu erlangen.

Fangen Sie klein an

Beruhigen Sie sich und fangen Sie klein an. Sie können nicht dem ganzen Haus oder sogar Garderobe an einem Tag „Raum geben". Beginnen Sie mit einem Raum oder mit einem einzelnen Regal. Sie können mit alten Bindungen wie Socken oder Unterwäsche anfangen. Wenn Sie Bücherregale aufräumen, bedenken Sie, ob es irgendwelche Bücher gibt, die ihnen helfen konnten oder können. Lesen Sie wirklich noch alle Autoren auf den Büchern in ihrem Regal oder haben Sie Ihre eigenen Lesevorlieben entwickelt?

Sobald Sie am Ende angekommen sind, legen Sie das, was noch übrig geblieben ist, auf einen großen Tisch. Wenn Sie Ordner wegwerfen möchten, durchstöbern Sie ihre Schubladen, um sicher zu gehen, dass nichts übersehen wurde. Bei Notebooks bzw Dateien auf diesen, tun Sie das Selbe. Auch mit Medikamenten, Karten, Tagebücher, Kosmetik, Utensilien und andere Gegenstände. Sie werden über das gesamte Zeug überrascht sein.

Beginnen Sie nun, alles zu sortieren. Behalten Sie die, die ihnen wichtig sind. Der Rest kann aussortiert werden, je nachdem, wie sie entsorgen möchten. Vielleicht möchten Sie einige Artikel spenden, andere wiederum wandern in den Müll.

Wegwerfen, weggeben oder beleben

Es gibt mehrere Optionen für die Bekämpfung unerwünschter und farbloser Elemente. Zum Beispiel kann ein großer Stapel von Büchern, den Sie nicht mehr lesen, gespendet oder an die lokale Bibliothek gegeben werden. Die schiere Freude, etwas zu verschenken, ein Lächeln auf jemandes Gesicht bringen, ist unbezahlbar. Dies wiederum kann Ihre Positivität zu verbessern.

Wenn etwas tatsächlich noch genutzt werden soll, stellen Sie sicher, dass Sie es innerhalb der folgenden 24 Stunden belebt wird. Zum Beispiel können alte Trophäen poliert oder eine alte Comic-Sammlung gebunden werden. Ordnen Sie wichtige Bücher und Fotos systematisch. Erinnerungen, die für Sie relevant sind, sollten geachtet werden. Entweder geben Sie diesen Erinnerungen ihren eigenen, besonderen Platz oder Sie wollen sie loswerden. Lassen Sie diese nicht ohne Sinn und Zweck einfach rumliegen. Wichtigen Fotos könnten professionell bearbeitet werden mit einer Bildbearbeitung zum Beispiel. Säubern Sie die Räume für die wichtigen Bücher, Dokumente oder andere wichtige Erinnerungen, die sie behalten wollen.

Unordnung mit Dankbarkeit und Mitgefühl loswerden

Die Angst und die emotionale Last, alte Sachen wegwerfen zu müssen, können real sein. Deshalb ist es immer hilfreich etwas Positives hinzuzufügen. Welche inneren Gefühle sind es, die angesprochen werden müssen, wenn es um unser Horten oder Akkumulationsverhalten geht? Ist es das Schuldgefühl im Zusammenhang mit Verschwendung der Dinge? Oder tiefere emotionale Fragen, die wir versuchen mit dem Aufbewahren materieller Objekte zu beantworten, um die Leere in unserem Leben zu füllen? Ist es Angst davor, ihre Garderobe aufzuräumen, weil sie glauben nicht genug Kleidung zu haben? Ist es ein Festhalten an alte Zeiten, die nicht relevant sind für ihr aktuelles Leben?

Manchmal kann es ein inhärentes Gefühl aus unserer Kindheit sein, zum Beispiel der Zustand in der Vergangenheit benachteiligt worden sein. Sammlungen aus ihrer Kindheit sind kostbar, aber Sie fühlen sich besser, wenn Sie diese jemandem, der es wertschätzt geben. Zum Beispiel können Sie Ihre gesamte CD-Sammlung an einen leidenschaftlichen Musiksammler abgeben, denn Musik ist jetzt leicht zugänglich durch YouTube. Zeigen Sie sich dankbar und mitfühlend, wenn Sie sich von alten Sachen trennen. Negative Gefühle, die mit Dingen verbunden sind, freigeben, und diese nachdenklich und dankbar wegwerfen. Wenn eine Beziehung nicht funktionierte, sollten Sie nicht fragen, warum es schief gelaufen ist oder Reue zeigen, sondern sie sollten dankbar dafür sein, dass es passierte und Sie wichtige Lektionen lehrte.

Seien Sie der Person dankbar, die ihnen das bestimmte Geschenk machte. Seien Sie für den Wert oder das kleine Vergnügen dankbar. Bringen Sie ruhig etwas Mitgefühl in diesen Prozess ein. Danken Sie den höheren Kräften, die es Ihnen ermöglicht haben, wertvolle Dinge zu kaufen. Ihre Gedanken verschieben automatisch den Fokus vom Negativen zum Positiven.

Der passende Zeitpunkt, um aufzuräumen

Eine der besten Zeiten, aufzuräumen ist, wenn Sie mal wieder nach etwas suchen und nicht finden können. Sie finden eine ganze Menge an Unerwünschtem. Grundsätzlich aber immer das, was Sie nicht suchen. Das Durcheinander legen Sie beiseite. Sie schauen nun auf eine Menge Dinge, die alle nicht mehr ganz in Form sind. Fühlen Sie sich nicht etwas mies, wenn Sie Gäste haben, aber nicht die Menge an gleichen Weingläsern oder Tellern finden, die Sie jetzt gern hätten? Haben diese kleinen alltäglichen Situationen keinen negativen Beigeschmack?

Sie sind nicht in der Lage, Sachen zu finden oder das auszuwählen, was Sie besitzen. Das verwirrt und überwältigt Sie gleichermaßen. Sie fühlen sich wertlos und nutzlos trotz der Fülle. Der richtige Zeitpunkt, um etwas aufzuräumen und beiseite zulegen, kann jederzeit sein und das wird ihnen dann ein positives Wohlgefühl verleihen. Aufräumen und Organisieren ist eine schnelle Lösung, sich gut zu fühlen.

Vermeiden Sie digitale Unordnung

Digitale Unordnung ist in der heutigen Welt allgegenwärtig. Die Menge an Informationen, die in unseren Geräten gespeichert ist, ist atemberaubend. Jedes Unternehmen bereichert sich daran, uns Promotion-Mails zu senden. Blogs wollen, dass Sie ihre neuesten Nachrichten lesen. News-Websites sind mit dem Senden von Zusammenfassungen der Eilmeldungen, um Sie neugierig zu machen und am Ball zu halten. E-Commerce-Riesen sind glücklich, Ihnen stündlich Werbeangebote zu schicken, bis Sie einknicken und kaufen.

Ihr Posteingang ist nicht sehr organisiert, wenn Sie eine Million unerwünschte und ungeöffneten Mails vorfinden. Die Faustregel lautet: Haben Sie nicht mehr als 100 Mails in Ihrem Posteingang. Verwenden Sie strenge Spam-Filter und leiten Sie unerwünschte E-Mails direkt in Ihren Spam-Ordner. Erstellen Sie Ordner mit verschiedenen Kategorien von wichtigen E-Mails. Klicken Sie auf Abbestellen, wenn einige Updates keinen Wert mehr für Sie haben. Wir denken immer, dass diese Newsletter irgendwann noch einmal nützlich sein könnten, aber das passiert nie wirklich. Die meisten sind nicht wichtig oder relevant. Klug ist es deshalb, die Unordnung zu löschen.

Haben wir nicht alle schon einmal hundert aktive Icons auf dem Desktop oder mehrere digitale Dateien erstellt, die überall verstreut auf unserem Desktop liegen? Öffnen Sie nicht mehr als ein paar Programme gleichzeitig. Öffnen Sie maximal vier Dateien. Dies spart Zeit und Energie für das Umschalten zwischen mehreren Anwendungen und Dateien.

Trennen Sie die Verbindung zu unproduktiven Anwendungen wie Facebook, während Ihrer Arbeitszeit oder während sie Zeit mit Geliebten verbringen. Schließen sie alles. Ihr Leben wird nicht vorbei sein, wenn Sie nicht jedes einzelne Social-Media-Update erhalten. Ihre Kontakte können auch überleben, ohne dass Sie ihnen jeden Witz weiterleiten, den Sie erhalten. Das ist nichts als unnötiges Absaugen von Energie und Positivität. Schalten Sie Ihren Webbrowser während der Arbeit aus. Deaktivieren Sie WhatsApp, Text und E-Mail-Benachrichtigungen.

Tipps für das Aufräumen des zeitlichen Durcheinanders

Es ist nicht nur physische oder digitale Unordnung, die Sie in ein negatives Denkmuster führen können. Kommen Sie für wichtige Treffen immer unpünktlich? Fühlen Sie sich immer gehetzt, während Sie zur Arbeit gehen? Ihr Terminplaner kann äußerst unübersichtlich sein, oder sind sie tendenziell zu optimistisch mit der Zeit? Wir arbeiten oft in dem Glauben, dass für alles genug Zeit ist. Hier sind einige Tipps, um die wichtigste Ressource vor Unordnung zu beschützen.

Starten Sie früh in den Tag. Organisieren Sie ihren Morgen. Alles andere an Unordnung haben Sie bereits am Abend vorher erledigt. Der Morgen sollte mit einer positiven und frischen Energie beginnen. Stellen Sie sicher, dass die wichtigsten Aufgaben des Tages bis zum Mittag sortiert sind. Die Morgen sind nicht die beste Zeit für soziale Medien oder andere unproduktive Anlässe.

Ein realistischer Puffer zwischen mehreren wichtigen Sitzungen ist sinnvoll. Verbringen Sie einige Minuten damit, die Ziele des Treffens noch einmal durchzudenken. Wieder kann eine Zeit für eine Nachbesprechung investiert werden, um die Vorteile der Treffen zusammenzufassen und das Lernen zu assimilieren. Erstellen Sie unmittelbar nach der Sitzung einen Aktionsplan oder Notizen zur Nachverfolgung dieser Sitzung.

Lernen Sie, nein zu sagen, wenn Sie müssen. Wir haben die Tendenz, alles zu akzeptieren, was uns aber oft viel Energie für produktivere Aufgaben entzieht. Wir verlieren ein Gefühl für wirklich wichtige Dinge und am Ende führen wir alle Aufgaben nur noch halbherzig aus. Dies gibt uns jedoch das Gefühl von Unzulänglichkeit und vermacht Schuldgefühle, die uns schließlich in das Netz negativen Denkens einschließen. Wir fühlen uns gehetzt, ausgelaugt und gestresst am Gedanken daran, mehrere Aufgaben gleichzeitig sofort abschließen zu müssen. Sie müssen weder Multitasking-fähig sein, noch ein Mensch, der es allen recht macht.

Nutzen Sie die Organizer und Stundenpläne auf Ihrem Gerät. GebenSsie sich immer etwas mehr Zeit für Unverhofftes. Auch sollte ihre Reisezeit nicht auf die Minute kalkuliert sein, sondern lieber immer mit ein paar Minuten Puffer. Hören Sie Audio-Bücher und lesen sie ihre Notizen auf den Arbeitswegen, um Zeit zu sparen.

Kapitel 6: Halten Sie sich fern von instabilen Beziehungen

Zu Recht sagt man, dass Sie zum Durchschnitt der Menschen gehören mit denen Sie die meiste Zeit verbringen. Das Beste allerdings ist, dass Sie allein entscheiden, mit wem Sie ihre Zeit verbringen möchten und wer Ihre Zeit verdient und braucht. Zum Glück hilft ihnen die Technologie dabei sogar Fernbeziehungen aufrechtzuerhalten, weil Sie regelmäßig u.a. Textnachrichten schreiben können.

Positive Menschen sind regelrecht von einem Gefühl des Positiven durchflutet und übertragen dieses Gefühl auf andere. Sie verleihen Ihnen Energie, Inspiration, Motivation und einen starken Charakter. Wohingegen negative Menschen, Ihrer negativen Energie Freilauf geben. Sie schaffen es, dass Sie sich emotional aufgelöst fühlen, lenken Sie von Ihren Zielen ab und treiben Sie zu selbstzerstörerischen Aktivitäten an. Diese Menschen sind Opfer von schlechten Angewohnheiten und geben eigene emotionale Lasten weiter.

Je weniger Zeit Sie mit dieser Art von Menschen verbringen, desto besser wird es für Ihre Denkweise sein. Wie oft gab es Menschen, die ihnen versicherten, Sie seien nicht in der Lage ein bestimmtes Ziel zu erreichen? Weil diese Menschen dachten, es sei unmöglich. Was für ein Gefühl hinterlässt derartiges? Höchstwahrscheinlich ist es kein positives Gefühl.

Ein Umgang mit solchen Menschen hinterlässt Spuren von schmerzlichen Erinnerungen. Deren emotionale Unordnung kann auf Verrat oder Untreue oder Missbrauch zurückzuführen. Erinnerungen an diese Leute können mit Wut- oder Rachegefühlen, Enttäuschung und Traurigkeit verbunden sein. Derartige Erinnerungen liefern automatisch die Verbindung von Negativität und negativen Gefühlen.

Wir schließen uns positiven und konstruktiven Beziehungen an, um uns vor schmerzlichen Erinnerungen an die Vergangenheit zu schützen. Dies ist nicht sehr förderlich für positives Denken. Es ist ein großer Kraftaufwand zu verzeihen und zum Alltag überzugehen. Hier sind einige leistungsstarke Tipps, die Ihnen helfen, sich los zu reißen und über toxische Beziehungen hinweg zu kommen.

Schreiben Sie eine Liste

Schreiben Sie eine Liste über die Dinge, die schädlich, verletzend oder ungesund in einer Beziehung waren. Dieses kann Ihnen dabei helfen, die emotionale Last aus der Vergangenheit, abzuschütteln und sich Positivem zu widmen. Vielleicht lieben Sie immer noch jemanden, der Sie eigentlich schlecht behandelt hat. Wenn Sie das einmal aufschreiben, wird es ihnen eine Perspektive über die Dinge geben, die nicht so perfekt waren wie Sie glauben. Das beste: Sie überlebten. Die negativen Seiten der Beziehung werden sichtbar und letztlich sind Sie dankbar für das Ende dieser Beziehung.

Selbstbestätigung

Denken Sie, dass Menschen, die Sprüche wie „Vergiss nicht einzigartig zu sein" oder „Iss Glitzer am Morgen und leuchte den ganzen Tag" an ihre Badezimmertür oder ihren Spiegel kleben, verrückt sind? Nicht wirklich. Sie nutzen brillant die Macht der Selbstbestätigung, um mehr Positivität in ihre Gedanken zu laden. Allein das Lesen und Wiederholen von Bestätigungen wie „Mein Leben ist voller Wunder" und „Ich ziehe Reichtum an" als erste Handlung am Morgen, verleiht ihnen ein Wohlgefühl.

Es bewirkt, dass Positives und Inspiration förmlich überlaufen. Sobald sich unsere negativen Gefühle als falsch erwiesen haben, sollten wir sofort zu positiveren Bestätigungen wechseln. Das hilft uns, der Hoffnungslosigkeit mit neuen Überzeugungen und positiven Gedanken entgegenzuwirken. Ihr gedanklicher Ton ändert sich von "Ich bin nicht gut genug, geliebt zu werden" zu "Ich bin nicht perfekt, aber ich verdiene es, geliebt zu werden."

Treffen Sie authentische und positive Menschen

Listen Sie einmal die Menschen auf, die positiv, inspirierend und authentisch auf sie wirkten. Umgeben Sie sich mit Menschen, die durch schmerzhafte Beziehungen gegangen sind und daraus gestärkt hervorgingen. Diese Menschen können Sie begeistern und Ihnen helfen, sich selbst aus dem Netz derartiger Beziehungen zu befreien. Sie heben ihre Laune, helfen ihnen sich besser zu fühlen und leiten Sie dabei in ein positives, leichtes Leben, ohne Lasten.

Um mit einer Trennung fertig zu werden, brauchen Sie die Hilfe von Freunden und Familie. Sie helfen ihnen diese Phase zu überstehen, neue Hoffnung zu schöpfen und wieder zu sich selbst zu finden.

Zögern Sie nicht, professionelle Hilfe anzunehmen, um den Schaden, der ihnen zugefügt wurde, zu verarbeiten. Ihre Gedanken müssen abgelenkt und wieder neu erbaut werden sowie sich auszurichten zu konstruktiver Beschäftigung, die Sie auf den Weg der Genesung bringen. Emotionale Unterstützung und Positivität kann Ihnen helfen, Negatives leichter zu verdauen und eine stärkere und positivere Person hervorbringen.

Geheilt und hoffnungsvoll

Kelly McDaniel hat zu Recht in ihrem Buch „Ready to Heal" darauf hingewiesen, dass der Ausbruch aus einer schwierigen Beziehung viel zu viel Energie verbraucht, gleichwertig mit einem Vollzeitjob. Emotionale Distanz kann eine der schwierigsten Herausforderungen unserer Existenz sein. Sie brauchen Schlaf, emotionale Ruhe und einige Zeit zu trauern. Es ist wie eine Achterbahn der Emotionen. Einerseits sind Sie froh darüber, dass diese giftige Beziehung vorbei ist und gleichzeitig fällt es ihnen schwer los zu lassen. Heilen Sie sich von der Schuld und dem Schamgefühl.

Atmen Sie tief ein, während Sie sich selbst sagen, dass die Beziehung aus einem bestimmten Grund endete. Es sollte nicht sein, aber schönere Dinge warten auf Sie. Das Negative in ihrem Leben wurde abgeworfen, um Platz für mehr positive und erfüllende Beziehungen zu machen. Sagen Sie sich, dass die Schmerzen, Schuld, und das Vertrauen heilen werden. Sie werden zukünftig Frieden, Hoffnung und Erfüllung finden, wenn Sie die Stärke beweisen, über derartig schädliche Beziehungen erhaben zu sein.

Bitte kein Drama

Eine der besten Möglichkeiten sich aus schadhaften Beziehung zu befreien, ist, dies ohne Drama zu tun. Je weniger dramatisch, manipulativ, unehrlich und erniedrigend, desto leichter für Sie, die Trennung zu bewältigen. Halten Sie sich fern von allem Blödsinn. Vermeiden Sie den hochgehaltenen Zeigefinger oder Spielchen und Manipulationen. Wenn nötig - entschuldigen Sie sich. Nehmen Sie keine Sticheleien oder Beschimpfungen hin.

Akzeptieren Sie die schönen und nicht so schönen Dinge der Beziehung. Verschwenden Sie keine Zeit, in dem sie anderen ihre Sichtweise aufzwingen. Wenn sie es verstehen wollten, hätten sie das erkannt. Akzeptieren Sie, dass es vorbei ist und ziehen Sie weiter. Es wird sicherlich nicht einfach sein, aber es wird wahrscheinlich das Beste, was Sie jemals für sich getan haben. Ihre Gedanken, Gefühle, ihr Verhalten und Selbstwertgefühl können einen massiven Schub bekommen.

Bestechen Sie sich

Auch, wenn viele Eltern als Experten nicht glauben möchten, dass dies die beste Technik ist, haben sich einige Dinge als sehr wertvoll und lohnend herausgestellt, um ein Ziel zu erreichen. Belohnen Sie sich stufenweise, wenn Sie eine schädliche Beziehung beendet haben. Der erste Meilenstein könnte sein, für ein paar Wochen Abstand zu halten von dieser Person. Gehen Sie Mittagessen oder Kaffeetrinken mit Ihrem besten Kumpel. Wenn Sie mehrmals "nein" zu dieser Beziehung sagen können, dann feiern Sie sich, indem Sie Ihr Lieblingsbuch kaufen oder sich ein Dessert gönnen.

Behalten Sie einen kühlen Kopf

Eine schädliche Beziehung führt beispielsweise dazu, dass ihre positive Einstellung förmlich versickert. Auch wenn das jetzt unmöglich für Sie klingt: Gehen Sie aus, nach der Trennung und verabreden Sie sich. Treten Sie in Clubs ein, wo Sie Menschen mit ähnlichen Hobbies treffen. Melden Sie sich für freiwillige Arbeit an, bei der Sie auf mehr positive, selbstlose und motivierte Menschen treffen. Menschen, die genauso leidenschaftlich sind und Sie dazu beitragen können diese positive Stimmung zu bereichern. Gehen Sie raus und treffen Sie auf Menschen, die ihnen helfen, Ihr Vertrauen in sich selbst und andere wiederherzustellen.

Am Anfang sind Sie vielleicht nicht gleich wieder emotional auf der Höhe, was aber auch absolut in Ordnung ist. Sie sollten sich deshalb auch nur zu lockeren Treffen verabreden, ohne Aussicht auf etwas Ernstes.

Verwechseln Sie nicht Liebe mit Sucht

Neurochemische Studien haben gezeigt, dass Menschen, die behaupteten, schwer verliebt zu sein, auf gezeigte Bilder ihres Partner, ähnlich reagierten wie ein Süchtiger, der nach Kokain verlangt. In gesunde Beziehungen geht es um Respekt, Engagement und Vertrauen genauso wie um Aufregung und intensive Leidenschaft.

Partner, die widersprüchliches Verhalten zeigen, lassen Sie zappeln und machen Sie durch ihre Art süchtig. Reißen Sie sich los von Beziehungen, die wie Sucht auf Sie wirkt, und sich nicht nach liebevoller Bindung anfühlt. Befinden Sie sich in einer Art Suchtbeziehung, wird ihre positive Energie abgesogen. Sie fühlen sich emotional aufgelöst und ihre Gedanken sind ständig damit beschäftigt sich das Schlimmste auszumalen. Ihr Selbstwertgefühl sinkt, die Abhängigkeit von anderen und deren Bestätigung steigt.

Viele Menschen sehen in verbalen Angriffen keinen Missbrauch. Allerdings kann verbaler Angriff schwere emotionale Verwüstungen anrichten. Echte bzw. gesunde Liebe ist niemals verletzend oder erniedrigend. Ihr Geliebter oder ihre Geliebte sollte für Sie da sein, um Sie zu trösten und ihnen zulächeln. Seine Rolle ist nicht, Sie zu erniedrigen oder Ihre Gefühle zu verletzen. Finden Sie eine Person, die Sie mit Zuneigung, lieben Worten und wahrer Liebe überhäuft. Geben Sie sich nicht mit jemandem ab, der Sie körperlich missbraucht. Das schädigt ihren geistigen Zustand immens.

Eines der schlimmsten Dinge, die Menschen tun können, um ihre positive Einstellung zu zerstören ist, wenn Sie in ungesunden Beziehungen leben. Und das nur, weil Sie nicht alleine sein wollen. Wenn Sie weiterhin in einer destruktiven Beziehung bleiben, fokussieren Sie sich nicht darauf, Mr. oder Mrs. Right zu finden. Aber mit der richtigen Person an ihrer Seite entdecken Sie auch ihre Positive Seite an sich wieder. Denn: Die richtige Person bringt sowohl das Beste von ihnen zum Vorschein als auch das Positive zurück in ihr Leben.

Vergebung an sich selbst

Menschen geben sich tendenziell eher selbst die Schuld für ein Scheitern einer Beziehung. Dies führt unweigerlich zu Schuldgefühlen, Scham, Bedauern, Schmerzen und vielem mehr. Wir beschuldigen uns und leben mit der emotionalen Last für viele Jahre. Dies ist kontraproduktiv für positives Denken. Sie fühlen sich schuldig, wenn Sie jemand schlecht behandelt oder weil sie Anzeichen dieser Beziehung nicht bereits früher bemerkt haben. Missbrauch in Beziehungen kann häufig Scham und emotionalen Narben hinterlassen.

Vernünftig wie Sie sind, verzeihen Sie sich. Beginnen Sie den Prozess der Selbstvergebung, indem Sie alles aufschreiben oder laut vor sich her sprechen. Sagen Sie sich, dass es in Ordnung ist, Fehler zu machen, und ziehen Sie entsprechende Lehren daraus. Jede gescheiterte Beziehung lehrt Sie etwas im Nachhinein. Seien Sie dankbar für die Beziehung und ziehen Sie weiter. Sie werden sich nicht dafür bestrafen in einer solchen Beziehung gewesen zu sein. Es ist Zeit, das Kapitel zu beenden und das nächste lohnende Kapitel deines Lebens zu beginnen. Wenn Sie Ihre Vergangenheit abschließen, machen Sie Platz für die Zukunft. Wenn Sie sich ihre vergangenen Taten vergeben, erstarkt ihre Hoffnung auf eine neue, rosige Zukunft.

Verlieren Sie sich niemals in den Folgen einer schadhaften Beziehung. Widmen Sie sich Ihren Hobbys und Leidenschaften. Melden Sie sich für einen Kurs oder in einem Club an. Nehmen Sie das wieder auf, was Sie während dieser Zeit nicht mehr getan haben. Das kann alles sein, ob eine Teilzeittätigkeit oder das Bemühen um eine Auszeichnung.

Kapitel 7: Machen Sie sich keine Sorgen

Sorge beginnt mit einem potenziell quälenden Gedanken. Vielleicht wird er ausgelöst von einer kleinen und harmlosen Sache. Aber solch ein kleiner Zweifel schafft mehr Zweifel. Bevor Sie selbst erkennen, was los ist, braut sich schon der Sturm zusammen. Sie denken irrational, unrealistisch und stark übertrieben. Ihre physische, psychische und mentale Energie sinkt rapide.

In ihrem Geist herrscht nun Chaos. Sorgen und negative Gedanken beeinflussen die Art, wie Sie denken, handeln, fühlen und sich verhalten. Dies verhindert, dass Sie ein erfülltes und glückliches Leben führen können. Wie ist es möglich, sich keine Sorgen zu machen? Welche Techniken gibt es, die ihnen ein sorgenfreies Leben ermöglichen? Wie schaffen Sie es, sich weniger oder sogar keine Sorgen zu machen und dafür ein glückliches Leben zu leben? Im Folgenden lesen sie einige solide und einfache Tipps sich vom Sorgenkreislauf zu befreien.

Erkennen Sie das Problem

In seinem Buch „The Worry Cure: Seven Steps tp Stop worry from Stopping you", Robert Leahy beschreibt, dass sich 38% der Privatpersonen täglich um etwas sorgen. Schlussfolgernd bedeutet das, dass es eine ganz normale Angewohnheit zu sein scheint. Aber es kann schnell zu einem Dauerproblem werden, wenn sich ein Muster im Alltag bildet.

Bedenken Sie, dass ein ständiges „sich Sorgen machen" zu Schlafmangel oder Essstörungen führen oder sie vom Arbeiten abhalten kann. Sind bereits Symptome wie diese existent, seien Sie in alarmiert. Denn hinzu können Muskelverspannungen oder Depressionen oder Verdauungsstörungen auftreten. Menschen, die sich chronisch sorgen, sind auch meist gestresst und depressiv. Sie verlieren den Fokus auf die Dinge, die gerade stattfinden, weil Sie sich nicht mehr mit der Gegenwart beschäftigen, sondern mit dem „Was ist, wenn...". Wenn dies Ihr Problem ist, packen Sie es an.

Beachten Sie das Gesetz des Durchschnitts

Sie werden sich automatisch weniger Sorgen machen, wenn Sie an das Gesetz des Durchschnitts denken. Die Wahrscheinlichkeit, dass ein bestimmtes Ereignis eintritt, ist nicht so hoch, wie Sie glauben. Wenn Sie mit einem Flugzeug fliegen und einen Absturz befürchten, dann sollten Sie sich mit der Tatsache beruhigen, dass die Chancen, getötet zu werden 1 zu 29,4 Millionen stehen oder, dass es 12,25 Todesfälle pro 1 Million Flugstunden gibt. Die Chancen stehen also offensichtlich ganz zu ihren Gunsten sicher zu landen. Leider liegt es in unserer Natur, dass wir immer das Schlimmste befürchten. Die Aussichten stehen gut, dass alles, was ihnen Sorge macht, höchstwahrscheinlich nicht begründet ist.

Wenn Sie sich wieder einmal Sorgen, ist es wichtig, dass Sie den Fakten ins Auge sehen. Ein Team von Forschern verfolgte das Leben von Studenten für ein Jahr, um zu beweisen, dass 85 Prozent der Probleme, über die sie sich sorgten, sich hinterher als neutral und positiv herausstellten. Sogar die Dinge, die sich als negativ erwiesen, wurden von 78 Prozent der Befragten gut bewältigt. Lernen Sie, Ihre Vorhersagen zu verfolgen. Wenn ungefähr 90 von 100 Ihrer pessimistischen Vorhersagen falsch sind und Sie ein guter Problemlöser sind, gibt es wenig Grund sich zu sorgen. Sie werden allmählich erkennen, dass Ihre Sorgen völlig unbegründet sind.

Sehen wir uns das ganze vereinfacht an. Leahy hat eine ziemlich wirksame Technik vorgeschlagen, sich ihren Sorgen zu stellen. Denken Sie an das Beste, das Schlimmste und alles dazwischen. Menschen, die sich tendenziell oft

Sorgen, gehen immer vom Schlimmsten aus. Wenn Sie erst einmal erkannt haben, dass sogar das Schlimmste Szenario am Ende gut ausgeht, fühlen Sie sich wohl.

Produktive oder destruktive Sorge?

Finden sie heraus, ob ihre Sorgen eher produktiv oder destruktiv sind. Produktive Sorgen machen Sie nachdenklich und lenken Sie hin zu sinnvollen Aktionen, mit denen Sie erhebliche Fortschritte machen. Zum Beispiel sind Sie nervös über eine bevorstehende Präsentation. Produktive Sorgen werden Sie dazu bringen, ihre Präsentation zu überprüfen, zu ändern oder eine Sicherungskopie davon anzulegen. Sie werden schnell von ihren Sprachnotizen abgehen und in die letzten Minuten der Präsentation noch einmal richtig loslegen und überzeugen.

Unproduktive Sorgen machen Sie ohne einen Grund oder eine Tat nervös. Sie stellen sich etwas Schlimmes vor und werden nervös. Plötzlich führen irrationale und unwirkliche Gedanken in nur eine Richtung. Was ist, wenn der Projektor abstürzt? Was, wenn das Publikum mich mit Zwischenrufen unterbricht? Was, wenn ich einen Herzinfarkt auf der Bühne habe? Diese übertriebenen und imaginären Ängste schwächen Ihr Vertrauen. Dies spiegelt sich in der Art wider, wie Sie während der Präsentation denken, sprechen und sich verhalten. Ihre Körperhaltung verliert an Ausstrahlung. In ihrer Stimme klingt wenig Selbstbewusstsein heraus. Sie sind kaum hörbar. Das ist der unproduktiven Sorge zu verdanken. Aber auch das kann behoben werden, wenn Sie das Ungewisse akzeptieren.

Beschäftigen Sie sich

Unserem menschlichen Geist ist es nicht möglich, über etwas noch nicht Eingetroffenes hinauszudenken. Und denkt man auch von sich brillant zu sein, es wird nicht klappen. Die gleichen Voraussetzungen gelten bei unseren Emotionen. Sie können nicht verzückt und gleichzeitig von Angst erfüllt sein. Verdrängen Sie den Gedanken und widmen sie sich einer anderen Aktivität, die Sie beschäftigt. Werfen Sie ihre Sorgen über Bord, und machen Sie den Weg frei für positive Gedanken. Menschen, die sich oft sorgen, können sich davon heilen, indem Sie an ihrem Zeitplan arbeiten und sich besser organisieren.

Beschäftigen Sie ihren Geist mit stimulierenden Tätigkeiten. Sehen Sie sich ein Motivationsvideo an. Treiben Sie Sport. Lesen Sie ein Buch. Bringen Sie sich ein bei Denkspielen. Gehen Sie ihrem Hobby nach. Erlernen Sie eine Kunst. Melden Sie sich für einen Sprachkurs an. Reisen Sie. Wenn Ihr Geist mit konstruktiveren und herausfordernden Aufgaben beschäftigt ist, die Ihre kognitiven Fähigkeiten herausfordern, wird der Sorgendämon in Schach gehalten.

Wagen Sie den Sprung

Wenn Sie tatsächlich etwas tun, was ihnen seit langer Zeit Sorge bereitet hat, werden Sie es für immer mit sich herumtragen. Sehr häufig sorgen wir uns um unsere angeblich ungenügenden Fähigkeiten etwas erfolgreich zu vollenden. Aber da gibt es diese innere Angst, die es uns nicht ermöglicht, etwas anzupacken.

Wählen Sie etwas, das Sie schon immer tun oder noch besser machen wollten oder tun Sie es wieder. Geben Sie Ihr bestes. Denken Sie daran - Sie verlieren nichts, wenn sie es versuchen. Sie allein halten sich zurück, und das bedeutet, dass Sie bereits aufgegeben haben. Das wiederum erlaubt es ihnen dann nicht, bestürzt zu sein, wenn es nicht geklappt hat. Anstatt darüber nach zu denken, was andere denken, treten Sie besser in einen Wettbewerb mit sich selbst. Jetzt ist ihre Leidenschaft und deren Aufrechterhaltung gefragt. Es wird Sie schneller zum Erfolg führen als sie glauben. Allmählich werden

Ihre unbegründeten Sorgen verschwinden, wenn Sie verstehen, dass 75 Prozent des Erfolges von den richtigen Maßnahmen abhängen.

Menschen, die erfolgreich und glücklich sind unterscheiden sich nicht von ihnen. Der einzige Unterschied ist, dass sie Sorgen, Ängste und negative Gedanken einfach nicht zu lassen, damit positive Maßnahmen nicht behindert werden. Folgen Sie dem, was sie nach dem Abwiegen aller Optionen schon immer machen wollten, ohne Angst zu versagen. Es kann die Einführung eines Start-UPs sein, dass Sie schon immer aufbauen wollten oder das Erlernen einer Kampfsportart oder reisen Sie allein. Wenn Sie dann etwas tun, wovon Sie vorher negativ dachten, und es wird ein Erfolg, dann ist das ein Treffer für ihr Selbstbewusstsein.

Fragen Sie nicht „Was wäre wenn...", sondern „Wie schaffe ich es, dass..."

Sie sollten die Häufigkeit ihrer sich sorgenden Gedanken minimieren und sich eher der Problemlösung widmen. Also, anstatt zu denken, was, wenn ich meine wichtigen Notizen für die Präsentation verliere, bedenken Sie lieber, alle Möglichkeiten, diese zu sichern, beispielweise mit einer Sicherungskopie. Gibt es einen Plan B, wenn technische Probleme auftreten? Sind Sie mit diesem Plan B vorbereitet, wenn Plan A nicht funktioniert? Was Sie jetzt tun: Sie ändern einfach ihre Denkweise von "was wenn" zu "wie kann ich dies tun." Wenn Sie sich sorgen, dann werden Sie keine realistischen und praktischen Lösungen finden.

Wenn Sie sich auf ein Vorstellungsgespräch vorbereiten, dann konzentrieren Sie sich auf die Vorbereitung, nämlich auf die Antworten, die Sie im Interview geben wollen. Nicht der Fokus auf „Was, wenn ich im Interview versage", ist jetzt wichtig.

Leben Sie in der Gegenwart

Wie können Sie die Gegenwart genießen, wenn Sie sich ständig Sorgen um die Zukunft machen? Verlieren Sie keine Zeit für die Sorgen um die Zukunft, sondern konzentrieren Sie sich auf das Hier und Jetzt. Geben Sie ihren Problemen eine Berechtigung, aber seien Sie nicht zu nachsichtig mit ihnen. Legen Sie ihren wert auf ein Leben im Jetzt und fokussieren Sie sich auf das, was sie gerade tun.

Lesen Sie ein anregendes Buch, spielen Sie mit ihren Kindern oder sehen Sie sich eine interessante Fernsehsendung an. Brechen Sie mit den sorgenden Gedanken und bleiben Sie anwesend im Jetzt. Wenn nichts anderes funktioniert, lächeln Sie einfach. Es ist unmöglich, deprimiert zu bleiben, wenn sich Symptome des glücklichseins und positiven zeigen.

Begrenzen Sie ihre Verantwortlichkeiten

Viele Menschen sorgen sich, weil Sie anderen gefallen wollen und kümmern sich deshalb auch um alles. Sie streben nach Perfektion, die Sie hoffen durch eine Vielzahl von Aufgaben zu bekommen. Der Versuch, Aufgaben anzunehmen, von denen Sie wissen nicht fähig zu sein, diese zu bewältigen, dann ist das ein sicherer Auslöser für Stress. Stress führt dazu, sich zu sorgen. Und ihre Unfähigkeit, mit mehreren Aufgaben nicht fertig zu werden, führt automatisch zu Nervosität und Frustration.

Sie sollten sich und andere erinnern, dass Sie nur so viele Aufgaben abarbeiten können, die wichtig sind, um Sie gut zu machen. Alles andere wird nur ein großes Durcheinander. Es ist auch völlig in Ordnung, andere um Hilfe zu fragen und Verantwortung abzugeben und zu teilen.

Sie können Aufgaben delegieren oder die Hilfe von Mitarbeitern annehmen. Dies bedeutet nicht, dass Sie sich nicht um ihre Arbeit oder die Menschen kümmern. Es bedeutet einfach, dass ihre Arbeit und ihr Leben im Moment höchste Priorität verdient, um sich weniger Sorgen zu machen. Übernehmen Sie also nur diese Aufgaben, die Sie auch gut bewältigen und versichern können, dass diese auch erfolgreich beendet werden und zwar ohne, dass sich in ihrem Verstand wieder Sorgen breit machen.

Wenn Sie Zeit mit der Hilfe für andere investieren, begrenzen sie diese. Planen Sie genau die Zeit, die Sie für andere brauchen. Alles andere bewirkt Zeitdruck und Sorgen. Denken Sie daran, Sorgen bringen keine Lösungen. Sorgen sollten keine Berechtigung dafür sein, über etwas hinwegzukommen oder eine Grenze zu erzwingen, egal was es ist.

Übungen

Übungen eignen sich sehr gut, um Sorgen und Stress zu eliminieren. Studien haben gezeigt, dass Übungen die Hirnaktivität und den Ausstoß von Serotonin, dem Wohlfühlhormon, erhöhen. Es verringert auch die Konsequenzen von oxidativem Stress. Übungen sind ein Eingriff, um Angst und Stress zu senken. Intensive körperliche Aktivität wie Radfahren oder Aerobic oder Laufen oder Tanzen sind ideale Übungen. Es kann Sie in einen Rausch versetzen und ermöglicht Ihnen, Ihren Körper und Geist auf die Gegenwart ohne Sorgen einzustellen.

Mut zur Nachsicht mit sich selbst

Dr. Susan Love sagte der New York Times in einem Interview, dass der Glaube, alles auf einmal an Übungen und Regeln umsetzen zu wollen, zu einer Quelle des Sorgens und des Stress wird. Sie fügt hinzu, dass es uns nicht möglich ist, eine makellose Gesundheit zu haben, und dass die Menschen im Allgemeinen viel gesünder sind als Sie selbst von sich meinen. Sie sind nun mal nicht unsterblich.

Ihr Ziel muss es sein, ein qualitativ hochwertiges Leben zu leben, so lange wie es geht. Sie werden nicht tot umfallen, wenn Sie jetzt nicht jeden Tag eine Schüssel mit Obst ssen oder sich doch noch spät abends ihr Lieblingsdessert gönnen. Es ist in Ordnung, einmal loszulassen. Seien Sie nicht zu streng mit sich, gönnen Sie sich öfter mal etwas und lassen Sie auch einmal Schwäche zu.

Glauben Sie an sich

Bestimmte Dinge wie Naturkatastrophen, Wetterbedingungen, Unfälle, Tod und andere ähnliche Faktoren, können nicht kontrolliert werden, egal was Sie tun. Das sind unaufhaltsame Ereignisse, die von einer höheren Kraft ausgehen. Vertrauen Sie ihren Fähigkeiten oder lernen Sie dieses wiederherzustellen.

Glauben Sie an sich, wenn es darum geht, ihre Probleme zu handhaben, über die Sie allein die Kontrolle haben. Und hören Sie auf sich um Dinge zu sorgen, die außerhalb ihrer Kontrolle liegen. Was Sie tun können ist, sich auf Dinge gut vorbereiten. Vertrauen Sie ihrer Fähigkeit Probleme, wenn sie aufkommen, bewältigen zu können. Ja, es sterben Tausende bei Autounfällen, aber würden sie deshalb aufhören Autozufahren? Warum? Sie vertrauen also ihrer Befähigung sich lieber weg zu ducken vor extremen und unglücklich geschehenen Ereignissen. Sie sorgen dafür, dass alle Sicherheitsmaßnahmen wie das Lernen sicher zu fahren, schnell auf Straßenänderungen zu reagieren, das Tragen von Sicherheitsgurten, das Fahren mit zulässiger Geschwindigkeit und vieles mehr, gewährleistet sind. Verwenden Sie die gleiche Einstellung in anderen unkontrollierbaren Lebenssituationen.

Schlussfolgerung

Vielen Dank, dass sie das Buch heruntergeladen und es bis zum Ende gelesen haben.

Ich hoffe, es konnte Ihnen gute Expertenstrategien und Tipps für einen Alltag mit positiven Gedanken geben. Das Buch ist gefüllt mit vielen leicht umsetzbaren Informationen und praktischen Hinweisen, die Sie für positives Denken brauchen.

Wählen Sie aus verschiedenen Weisheiten kleine Schätze heraus. Wenn diese zu ihren Lebensumständen passen, folgen sie ihnen. Lassen Sie uns hoffen, dass dieses Buch in der Lage ist, Ihnen zu helfen, Ihre positiven Gedanken bei produktiven und sinnvollen Tätigkeiten zu kanalisieren, um Ihre Ziele zu erreichen.

Der nächste Schritt wäre dann, mit den Strategien im Buch erfolgreich zu werden. Wissen ohne Taten ist sinnlos. Setzen Sie Ihr Wissen in die Tat um und erleben Sie die erstaunlichen Ergebnisse positiven Denkens, in jeder Sphäre Ihres Lebens.

Und wenn Sie das Buch hilfreich fanden, möchte ich sie bitten, ihre Gedanken zu teilen und es zu bewerten. Das würden andere Interessierten in hohem Maße schätzen.

Feiern sie nun ein erfülltes, freudvolles und positives Leben!

Gewohnheiten glücklicher Menschen:

Wie Sie dauerhaft ein glücklicheres und erfüllteres Leben führen.

Simone Kerber

Inhaltsverzeichnis

Einleitung

Obwohl die Meisten von uns verstehen, was Glück bedeutet, bleibt der Begriff des Glücks in der wissenschaftlichen Forschung doch noch immer ein Rätsel. Es ist schwer, eine Definition des Glücks zu finden, ohne dabei überflüssige Worte zu wählen oder sich zu wiederholen (z.B. „das Gefühl des Glücklichseins"). Ebenfalls ist es unklar, inwiefern sich das Glück von den Konzepten Zufriedenheit, Dankbarkeit und Freude unterscheidet.

Trotz der Schwierigkeiten und der Verwirrung, die einen bei einer wissenschaftlichen Herangehens- weise an das Thema Glück begegnen können, gibt es doch die eine einstimmige Erkenntnis im Bereich der Glücks- oder positiven Psychologieforschung, dass Gewohnheiten und deren Herausbildung eine große Rolle spielen. Die Psychologie definiert hierbei Gewohnheiten als eine besondere Art von Verhaltens- oder Gedankenmuster, die durch wiederholte Erfahrung erlangt wird. Einfacher ausgedrückt ist es etwas, was wir automatisch und aus Routine tun.

Der Knackpunkt an Gewohnheiten ist der, dass sie weitestgehend automatisch ablaufen, ohne Beteiligung unseres Bewusstseins. Man kann natürlich bewusste Schritte unternehmen, um seine Gewohnheiten zu ändern, aber sofern sie nicht durchbrochen werden, bestimmen sie in bedeutendem Maße unser Verhalten und unsere Gedanken. Wir alle haben Angewohnheiten, die uns unseren Alltag diktieren, ob wir nun immer die Tür abschließen, wenn wir die Wohnung verlassen oder zum Essen Besteck benutzen statt der Finger.

Der Automatismus von Gewohheiten ist ihre größte Macht, und damit auch ihre größte Gefahr. Wenn wir „schlechte Angewohnheiten" haben, können wir unbewusst in Verhaltens- und Denkweisen verfallen, die uns das Leben schwer machen und sogar gegen unser Interesse handeln. Man kann sich zum Beispiel angewöhnen, sich zu überessen, wenn es einem schlecht geht oder mit dem Auto zu fahren, wenn man das Ziel problemlos zu Fuß erreichen könnte. Darüber hinaus kann man ein ganze Strukturen an schlechten Angewohnheiten entwickeln, wie z.B. Hinauszögerung und Negativismus, und damit nahezu alles torpedieren, was man tut.

Angesichts der Tatsache, dass Gewohnheiten zum größten Teil automatisch sind, ist es unglaublich schwer, sie zu korrigieren. Ständige, bewusste Aufmerksamkeit und Disziplin sind nötig, um sein Verhalten zu korrigieren, sobald man sieht, dass man in die schlechte Gewohheit zurückfällt.

Andererseits sind gute Gewohheiten einfach großartig. Wer das Glück hat, Gewohheiten zu entwickeln, die ihn körperlich fit, geistig gesund, erfolgreich im Beruf und selbstsicher im Zwischenmenschlichen machen, kann nicht nur erreichen, was er oder sie will, sondern es ganz von selbst tun. Sie haben richtig gehört: gute Angewohnheiten führen nicht nur zu guten Ergebnissen, sondern sie tun das auch ohne irgendwelche Anstrengungen von Ihrer Seite, weil Gewohnheiten ihrer Natur nach automatisch funktionieren.

Die wissenschaftliche Forschung und der gesunde Menschenverstand kommen also somit langsam darin überein, dass die Entwicklung von Gewohnheiten der Schlüssel zum Glück sind. Wenn wir also bewusst gute Gewohheiten entwickeln und uns ohne Mühe dazu bringen können, was wir wollen, ohne Anstrengung, Disziplin oder gar bewusstem Aufwand, dann scheint das Glück durchaus eine erreichbare Sache zu sein.

Der Trick an der Sache liegt eher darin, gute Angewohnheiten zu entwickeln anstatt sich schlechte abgewöhnen zu wollen. Es ist unglaublich ähnlich, sich anzugewöhnen, immer Obst zu essen, wenn man zwischendurch Hunger hat, anstatt dabei immer Chips zu essen. Beides führt zu weniger Kalorienzufuhr und einer gesünderen Ernährung. Sich etwas Gutes anzugewöhnen hat aber darüber hinaus den Vorteil, dass man sich dabei besser fühlt und beseitigt die schlechte Angewohnheit, in diesem Fall das Chipsessen, ganz nebenbei.

Es reicht allerdings nicht aus, zu wissen, dass gute Angewohnheiten der Schlüssel zum Glück sind. Man muss auch wissen, welche Angewohnheiten wirklich „gut" sind, um ein Bild davon zu haben, worauf man hinarbeiten sollte und worauf nicht. Ein häufiger Fehler ist es, sehr hart an einem Ziel zu arbeiten, wie z.B. abzunehmen oder produktiver zu werden, aber eben auf falsche Weise, beispielsweise durch harte Disziplin allein oder mit unrealistischen Zielsetzungen. Indem sie an einer falschen Methode oder einer schlechten Angewohnheit zum Erreichen eines wünschenswerten Ziels festhalten, geraten Viele in den Teufelskreis, nicht zu erreichen, was sie wollen und sich so ständig unzufrieden zu fühlen.

Dieser Ratgeber soll Ihnen ohne viel Umschweife darlegen, was die Wissenschaft über die Gewohheiten glücklicher Menschen herausgefunden hat und Ihnen dabei erklären, wie und warum diese Gewohheiten Ihnen helfen können, das Glück zu finden.

Kapitel 1 – Dankbarkeit

Dankbarkeit, die Eigenschaft, Dinge schätzen zu können, ist eine der Angewohnheiten, die man bei allen glücklichen Menschen durchweg beobachten kann. Das ergibt auch oberflächlich betrachtet Sinn: wenn jemand glücklich ist, muss es ja schließlich eine Menge Dinge in seinem Leben geben, für die er oder sie dankbar ist. Es kann also gar nicht anders sein, als dass das Glück Menschen dankbar macht.

Die Glücks- und Dankbarkeitsforschung geht allerdings eher davon aus, dass es sich genau andersherum verhält: wer dankbar ist, wird dadurch automatisch glücklicher. Ebenso scheint es, dass man unabhängig von den tatsächlichen Lebensumständen Dankbarkeit zeigen kann: die Reichen ebenso wie die Armen, Todkranke ebenso wie Kerngesunde. Jedermann- und frau kann von ein bisschen Dankbarkeit sehr profitieren.

Neben den Glücksgefühlen und anderen positiven Empfindungen, die Dankbarkeit mit sich bringt, führt sie auch zu besserem Schlaf, größerem Einfühlungsvermögen und Freundlichkeit gegenüber Mitmenschen und komischerweise sogar zu einem stärkeren Immunsystem. Wer also nach seine Lebensqualität zu verbessern sucht, ist wohlberaten, als ersten großen Schritt dahin Dankbarkeit zu lernen.

Wie aber gewöhnt man es sich am besten an, dankbar zu sein? Zunächst einmal muss man dafür verstehen, dass man sowohl für die großen Umbrüche im Leben, aber auch für die kleinen Dinge, die oft als trivial abgetan werden, dankbar sein muss. Alles Gute in Ihrem Leben, von der Geburt eines neuen Kindes über ein wohlschmeckendes Mittagessen bis hin zu einem Lottogewinn oder einfach einer Stunde voll entspannendem Nichtstun sind Gründe, dankbar zu sein. Glückliche Menschen rufen sich alle kleinen Freuden und guten Seiten ihres Lebens ins Gedächtnis und genießen sie, wenn sie da sind, aber auch, wenn sie sich daran erinnern.

Dankbarkeit sollte aber auch, wie schon bereits erwähnt, unabhängig von den herrschenden Lebensumständen geübt werden. Ob man nun viel hat oder wenig, sollte Dankbarkeit daran gemessen werden, wie das Leben derzeit ist. Die Konsumsucht und die westliche Gesellschaft treiben Menschen immer dazu, mehr zu wollen, und das Glück wird dabei als Erfolg in jedem möglichen Ziel angepriesen.

Dieser tief im westlichen Denken verwurzelte und eingeborene Fehler im westlichen Denken wird oft fälschlicherweise als Materialismus gedeutet, sodass viele Menschen behaupten, keinerlei Probleme mit ihrer Sicht auf das Leben zu haben, da sie sich nicht als fixiert auf materielle Dinge begreifen. Es scheint aber eher so zu sein, dass nicht Materialismus das Problem ist, sondern das stete Streben nach etwas Anderem oder etwas mehr, sei es das Aufsteigen in der Karriereleiter, sportlicher und attraktiver zu werden, „erfolgreicher", beliebter usw. Dieses Streben ist allerdings natürlich oft auf materielle Dinge gerichtet, wie ein neues Smartphone, ein neues Auto, ein größeres Haus, was auch schon tausendfach angeklagt worden ist.

Wenn wir diese Ziele, die wir uns gesetzt haben, nicht erreichen, empfinden wir uns als Versager und reagieren gereizt, verärgert und apathisch auf unser Leben. Wenn wir aber die Ziele erreichen, nach denen wir streben, werden wir oft von einem neuen Ziel eingenommen oder finden, dass das Glück vom erreichten Erfolg abhängig ist. Es bringt zwar oft einen großen Nutzen, auf bestimmte Ziele hinzuarbeiten, aber die westliche Geisteshaltung scheint doch oft in allem nur eine Niederlage zu sehen, und das Erreichte macht uns niemals glücklich, unabhängig von Erfolg oder Misserfolg. Dankbarkeit scheint hier das geeignete Gegengift zu sein.

Zudem und darüber hinaus müssen Sie sich, um sich Dankbarkeit anzugewöhnen, ständig bewusst machen, wofür sie im gegenwärtigen Moment
dankbar sein können. Es gibt viele Aspekte unseres Lebens, von denen wir
wahrscheinlich schon gemerkt haben, dass wir für sie dankbar sein können,
wie z.B. unsere Familie und Freunde, die Freiheit, mit unserem Leben tun
zu können, was wir wollen, die Tatsache, dass wir in relativer Sicherheit
und ohne Angst um unsere Sicherheit und körperlichen Bedürfnisse leben
können und dergleichen mehr. Es scheint aber nicht auszureichen, sich diese
Faktoren allein immer wieder ins Gedächtnis zu rufen, um eine Flamme echter Dankbarkeit zu entfachen.

Stattdessen beruht Dankbarkeit darauf, die Bereiche Ihres Lebens zu beobachten, die Ihnen Spaß und Freude bereiten, während sie stattfinden und über
das Erlebte nachzudenken, wenn es geschieht. Von einer frischen Brise über
eine gute Tasse Kakao, ein Essen mit Freunden oder einem Spaziergang in
der Natur nimmt Dankbarkeit am ehesten feste Gestalt an, während diese
guten Dinge passieren.

Sobald Menschen anfangen, in der Kunst der Dankbarkeit mehr und mehr
an Tritt zu gewinnen, zeigt sich Forschungen zufolge auch, dass es ihnen
immer leichter fällt, für kleinere und größere Dinge dankbar zu sein, sodass
Dankbarkeit schließlich Teil ihrer Lebensperspektive wird und auf beinahe
alles, was sie tun, angewandt wird.

Zudem gibt es noch andere Tricks und Kniffe, um Dankbarkeit zur festen
Gewohnheit werden zu lassen. Ein Dankbarkeitstagebuch beispielsweise, in
dem Sie alles aufzeichnen, wofür Sie an jedem einzelnen Tag dankbar sind,
kann Ihnen helfen, sich der kleineren, profaneren Bereiche Ihres Lebens
bewusst zu werden, die Dankbarkeit verdienen. Ein Dankbarkeitstagebuch
kann auch dann konsultiert werden, wenn Sie einen Mangel an Dankbarkeit
fühlen oder merken, wie eine negative Energie über sie kommt.

Der Dankbarkeit Realismus gegenüberzustellen scheint die Dankbarkeit auch eher zu stärken, als sie zu schwächen. Ein weitverbreiteter Fehler ist es, wenn Dankbarkeit bedeutet, sich dazu zwingen zu wollen, sich für etwas dankbar zu fühlen, wenn wir uns schlecht fühlen oder für etwas, was wir eigentlich als negativ wahrnehmen. Sofern Sie aber einen ausgeglichenen, klaren Verstand behalten, können Sie immer noch dankbar sein, ohne zu ignorieren, was direkt vor Ihnen liegt. Zerlegen Sie Ihre Gedanken in das, was schlecht ist, was passabel und wofür sie dankbar sein können, und zwar in jeder einzelnen Situation. Sie können sich dann auf das konzentrieren, wofür sie dankbar sein können, ohne das zu verwerfen oder zu ignorieren, was negativ ist, aber auch ohne darüber herumzugrübeln. Wenn Sie sich zum Beispiel schlecht fühlen, weil Sie am Montag wieder zur Arbeit müssen, so können Sie sich diese schlechten Gefühle eingestehen, sich gleichzeitig aber auch daran erinnern, dass Sie gerade ein tolles Wochenende erlebt haben, oder dass das Wetter schön ist oder dass Sie sich auf eine bestimmte Tageszeit, möglicherweise den Feierabend, freuen werden usw.

Kapitel 2 – Flow erleben

Als Flow bezeichnet man einen besonderen psychologischen Zustand, bei dem man eine sehr starke, durchgehende Konzentration bei gleichzeitig erhöhter oder gar optimaler Leistung erlebt. Ein Flow ist jenes angenehme Gefühl, das dann auftaucht, wenn man wirklich in einer Sache „drin" ist, was auch immer man gerade tut, wenn die Zeit entweder unglaublich schnell vergeht oder geradezu einfriert, sodass man alles, was man tut, bis ins kleinste Detail hinein erlebt und alle anderen Gedanken aufhören. Einen Flow zu haben wird oft auch damit umschrieben, dass man ganz in einer Sache versunken ist, uns wohl jeder von uns hat dieses Gefühl irgendwann einmal gehabt, auch wenn dieses Gefühl oft eher mit Sportlern, öffentlichen Auftritten und Wettbewerben in Verbindung gebracht wird.

Ein Flow geht auch meistens damit einher, dass man die eigenen Gedanken und das eigene Selbst gar nicht mehr bemerkt. Man ist so konzentriert auf was man tut, dass man nicht wirklich auf sich selbst achtet. Dieser Quasibewusstseinsverlust ist auch mit einem Verlust an bewussten, direkten Reaktionen verbunden. Menschen, die in einem Flow sind scheinen in einem Zustand zu sein, in dem sie nicht mehr wirklich Herr ihrer Selbst sind, sondern völlig im „Flow" (ursprünglich ‚Fluss,Strom') versunken.

Ein Flowerlebnis hängt, wie man herausgefunden hat, mit vielen positiven Empfindungen zusammen. Ein Flow ist äußerst erfreulich, selbst wenn man dabei seiner selbst nicht mehr bewusst ist und sich selbst nicht mehr bemerkt. Menschen, die regelmäßig ein Flowerlebnis haben sind erwiesenermaßen nicht nur deutlich glücklicher, wenn sie ihn direkt erleben, sondern erleben auch auf lange Sicht ein deutlich größeres Glücksempfinden als Menschen, die keine solchen Erlebnisse haben. Damit im Zusammenhang steht auch, dass Menschen, die Flowerlebnisse haben auch generell mehr im Beruflichen, bei Hobbies, im akademischen Bereich oder sogar in ihren Beziehungen erreichen.

Durch Experimente und qualitative Forschung haben Forscher das Geheimnis enthüllt, wie ein Flow zustandekommt. Was auch immer Sie tun, muss Sie ausreichend herausfordern, um interessant und packend zu sein, darf Sie aber auch nicht überfordern und über Ihre Fähigkeiten hinausgehen. Sobald dass, was Sie tun, zu wenig Aufwand erfordert oder allzu öde ist, wird es sie leicht unterfordern und sie werden Schwierigkeiten haben, ständig darauf zu achten. Wenn umgekehrt die Tätigkeit zu schwer ist oder einfach nicht Ihren Fähigkeiten entspricht, werden Sie entweder frustriert oder verlieren die Kraft, bevor der Flow eintritt.

Ein Flow erfordert auch, dass Sie völlig in das versunken sind, was Sie tun. Wenn Sie zu etwas gezwungen werden oder es nicht als lohnenswert erachten, werden Sie dabei nie einen Flow erleben. Ein Flow kommt nur dann zustande, wenn eine Tätigkeit gewollt ist und man sich freiwillig mit ihr befasst. Es muss also eine Eigenmotivation vorhanden sein, Sie müssen diese Aktivität deshalb aufnehmen, weil Sie es wollen, um der Sache selbst willen. Ihre Motivation darf niemals einfach nur sein, dass Sie bestraft werden, wenn Sie es nicht tun, oder dass Sie es um anderer Leute willen, des Geldes wegen oder aufgrund anderer „externer" Faktoren tun.

Zudem kommt ein Flow auch nur dann zustande, wenn eine Tätigkeit Geschick und Expertise erfordert. Wenn eine Tätigkeit zu beliebig ist oder überhaupt keine Fähigkeiten erfordert, hat Ihr Gehirn keinen Grund, sich ausreichend darauf zu konzentrieren, um in einen Flow zu geraten. Ebenso erfordert ein Flow ein Gefühl einer dynamischen Gegenreaktion. Sie müssen in der Lage sein, Ihre Handlungen an das anzupassen, was geschieht. Wenn Sie zum Beispiel beim Tennis einen Aufschlag verfehlen, können Sie Ihre

Armbewegung beim nächsten Schwung verändern, weil Sie sehen, dass Ihr erster Aufschlag fehlerhaft war.

Die letzte Bedingung für einen Flow ist schließlich, dass Sie in der Ausübung dieser Tätigkeit, was auch immer sie sei, nicht unterbrochen werden. Wenn Sie ständig andere Aktivitäten in Ihre Zeit einschieben müssen oder sich anderen Pflichten gegenübersehen, können sich Ihre Gedanken nicht vollständig auf die Aufgabe vor Ihnen konzentrieren. Das bedeutet nicht, dass ein Flow nicht auch beim Multitasking auftauchen kann. Ein Börsenmakler beispielsweise muss oft Veränderungen der Börsenkurse weltweit mitverfolgen und auf sie reagieren und empfindet dabei sehr oft ein Flowerlebnis. Allerdings gehört das Multitasking hier zur Tätigkeit dazu und stellt keine Ablenkung dar.

Auch wenn die Bedingungen für einen Flow sehr spezifisch zu sein scheinen, gibt es doch einige Kniffe, die man verwenden kann, um in einen Flow zu geraten. Zunächst müssen Sie eine gewisse Zeit lang eine Initialenergie in das verwenden, was Sie tun. Fähigkeiten und Konzentration erfordern Anstrengung, sind aber für ein Flowerlebnis von grundlegender Wichtigkeit. Sie müssen also gewillt sein, die Schwierigkeiten zu akzeptieren, die das Erlernen und Verbessern Ihrer Fähigkeiten erfordert. Um diesen Punkt zu unterstreichen sei daran erinnert, dass jene Aktivitäten, die erwiesenermaßen typischerweise einen Flow auslösen, wie Sport, durchweg als schwieriger und potentiell frustrierender wahrgenommen und bezeichnet werden, als alle anderen. Trotzdem scheint die Belohnung, die das durch diese Tätigkeiten zustandekommende Flowerlebnis darstellt, es doch schlicht und einfach, in Ermanglung eines besseren Ausdrucks, „wert zu sein".

Dieser „Gewinn" entsteht allerdings meist eher auf lange Sicht. Wenn Sie das erste Mal etwas tun, was Ihnen Spaß macht, mag vielleicht noch nicht sofort ein Flow zustandekommen, aber wenn Sie sich konsequent anstrengen, ist ein Flow oft ein unfreiwilliges Nebenprodukt.

Entsprechend taucht ein Flowerlebnis nur dann auf, wenn Ihnen das, was Sie tun, Spaß macht. Um also ein Flowerlebnis zu bekommen, brauchen Sie mindestens ein Hobby, Handwerk oder Ähnliches, in denen Sie es zu gewissen Fähigkeiten bringen können. Sie werden vielleicht nicht das Glück haben, in mehreren Lebensbereichen Flowerlebnisse zu haben, aber Sie können ohne jeden Zweifel Zeit und Raum schaffen, um eine einzige Fähigkeit zu erlernen. Alles, was Fähigkeiten erfordert, kann einen Flow auslösen, sei es Sportarten, Spiele oder geistige Tätigkeiten. Egal ob Frisbeewerfen, Schach, Onlinespiele oder Basketball, irgendetwas ist auch für Sie dabei, bei dem Sie in einen Flow kommen können.

Kapitel 3 – Verbundenheit

Zahlreiche Wissenschaften, von Anthropologie, Psychologie, Biologie bis zur Soziologie stimmen darin überein, was Menschen schon seit Jahrhunderten wissen, dass der Mensch nämlich von Geburt an ein soziales Wesen ist. Wir sind darauf eingerichtet, in sozialen Gruppen zu leben und haben über die Jahrhunderte hinweg Wege entwickelt und verbessert, um mit anderen Menschen zusammenzuleben. Über alle Kulturen hinweg blühen Menschen dann auf, wenn sie bedeutsame Beziehungen mit ihren Mitmenschen herstellen können, und verkümmern hingegen, wenn sie völlig isoliert sind.

Das kann man an den verschiedensten Dingen ablesen. Menschen mit starken sozialen Bindungen leben länger, und es nicht ungewöhnlich, dass alte Menschen nach dem Tod eines lebenslangen Ehepartners oder nach Antreten des Ruhestands erschreckend schnell sterben. Menschen, die angeben, viele enge Freunde zu haben sind typischerweise im Durchschnitt deutlich glücklicher als jene, die keine haben.

Darüber hinaus scheinen auch deren Freunde glücklicher zu sein. Studien legen sogar nahe, dass Menschen mit starken sozialen Bindungen ein stärkeres Immunsystem haben, sich schneller von Krankheiten erholen und auch weniger zu Geisteskrankheiten, vor allem zu Depressions- und Angststörungen neigen. Zudem neigen Menschen mit vielen Freundschaften zu einem stärkeren Selbstbewusstsein, größerem Einfühlungsvermögen und zeigen mehr Vertrauen und Bereitschaft zur Zusammenarbeit mit ihren Mitmenschen. Verbundenheit scheint beinahe so etwas wie eine Supermacht zu sein.

Wir sollten allerdings zuvor mit einigen Missverständnissen aufräumen, bevor wir daran gehen, wie man Verbundenheit erreichen kann. Zunächst einmal brauchen nicht alle Menschen gleich viel und gleich intensiven sozialen Kontakt. Es gibt allerdings auch nur sehr, sehr wenige Menschen, die mit kompletter sozialer Isolation zurechtkommen, geschweige denn darin aufgehen können. Selbst wenn Sie sich als eher introvertiert bezeichnen oder jemanden kennen, der das tut, bedeutet das noch lange nicht, dass Sie völlig ohne Freundschaft und Gesellschaft auskommen.

In der modernen Psychologie werden die Bezeichnungen introvertiert vs. extrovertiert auch nicht mehr als zwei getrennte Kategorien verstanden, sondern eher als Spektrum, in das die Menschen fallen. Man kann hundertprozentig introvertiert, hundertprozentig extrovertiert oder irgendwo dazwischen sein, und letzteres ist bei den Meisten der Fall. Zudem wird die Unterscheidung zwischen in- und extrovertiert nicht direkt daran gemessen, wieviel sozialen Kontakt man braucht, sondern eher, wie sehr man auf Reize reagiert. Introvertierte reagieren bereits auf subtilere Reize und finden daher oft eher Gefallen an ruhigeren Aktivitäten wie Lesen oder einem Hobby. Extrovertierte hingegen brauchen stärkere Reize und wählen deshalb eher lautere und geschäftigere Aktivitäten.

In Punkto Sozialkontakt bedeutet das, dass Introvertierte normalerweise eher kleinere Kreise vorziehen, seien es gute Freunde oder die Familie. Extrovertierte hingegen finden eher Gefallen an größeren Veranstaltungen, bei denen mehr Menschen zugegen sind, selbst wenn ihre Beziehungen oft nicht so tiefgründig sind. Es gäbe eigentlich noch sehr viel mehr über das Introvertiertheits- / Extrovertiertheitsspektrum zu sagen. Was man aber auf keinen Fall vergessen darf, ist, dass man unabhängig davon, in welche Kategorie man fällt, ohne soziale Bindungen nicht auskommt.

Ein anderes weitverbreitetes Missverständnis, das wir ansprechen sollten ist, dass es bei Verbundenheit nicht um die Anzahl der Freunde geht, die jemand hat, sondern eher um die Tiefe und Stärke der Freundschaft mit anderen Menschen. Ein Mensch mag hunderte „Freunde" haben und sich doch einsam fühlen, weil alle diese Freundschaften nur oberflächlich sind. Jemand der sehr viel Kontakt zu anderen hat und als sehr beliebt und freundlich wahrgenommen wird, kann also trotzdem innerlich einsam sein.

Natürlich schätzen es die meisten Menschen als sehr wichtig ein, Freunde und starke Bindungen zu haben. Nur wenige begeben sich freiwillig in Isolation, sondern leben aufgrund von solchen Faktoren in Einsamkeit, die außerhalb ihrer Kontrolle stehen, wie ein Mangel an sozialen Fähigkeiten, weil sie zu viel zu tun haben, oder auch aufgrund von Ängsten und Depressionen. Mit Anderen in Kontakt zu treten scheint für einsame Menschen also fast so etwas zu sein, wie Salz in eine Wunde zu streuen.

Einsamkeit ist allerdings kein unabänderliches Schicksal. Die Psychologie geht davon aus, dass bei der Mehrheit derer, die behaupten, keine Freundschaften schließen zu können, das Problem meist einer zu großen Nervosität entspringt. Diese Menschen nehmen sich selbst als sozial unfähig war, obwohl das eigentliche Problem nicht in einem Mangel an sozialen Fähigkeiten liegt, sondern darin, dass sie aus Nervosität die falschen Signale aussenden. So wie man also oft nervös ist, wenn eine Rede vor vielen Menschen oder ein Vorstellungsgespräch anstehen, sind einsame Menschen ähnlich nervös wenn sie in Kontakt zu Anderen treten, weil sie quasi Lampenfieber haben.

Ein Weg, um seine Verbundenheit mit den Mitmenschen zu verbessern, ist es folglich, sich in zwischenmenschlichen Situationen entspannter zu zeigen. Dadurch wird es Ihnen leichter gelingen, durch natürlichere Körpersprache und Redefluss mit Anderen ganz von selbst in Verbindung zu treten. Es gibt eine ganze Reihe von Entspannungsmethoden, aber zu den Beliebtesten zählen tiefes Durchatmen, Achtsamkeitstrainung, sich des Moments zu vergegenwärtigen, die Situation gedanklich durchzugehen und Muskelentspannung. Diese Techniken können auch jenen Menschen helfen, die aus ähnlichen Gründen an Ängsten und Depression leiden.

Eine weitere Methode, um seine Verbundenheit zu stärken, ist es, zu lernen, wie man ein besserer Zuhörer wird, Einfühlungsvermögen entwickelt und überhaupt mehr Mitgefühl mit seinen Mitmenschen zeigt. Wenn Sie mit jemandem sprechen, versuchen Sie weniger, sich darauf zu konzentrieren, was Sie sagen wollen, sondern versuchen sie, das zu interpretieren und zu beantworten, was die andere Person sagt. Allzu oft sind Menschen in einem Gespräch damit beschäftigt, welchen Eindruck sie auf andere machen und denken zu sehr an sich selbst, um wirklich mit ihrem Gegenüber zu interagieren. Es kann aber helfen, wenn Sie sich vornehmen, die Worte ihres Gegenübers aufzunehmen und zu verarbeiten. Ebenso ist es eine sehr gute Methode, Einfühlungsvermögen und Freundlichkeit zu entwickeln, indem regelmäßig in Betracht ziehen, was andere um sie herum denken oder fühlen. Mann kann sie sogar tatsächlich danach fragen !

Schließlich sollten Sie überlegen, ob Sie nicht ein Ehrenamt übernehmen oder sich einem Verein o.ä. anschließen. Allzu oft sind Menschen nämlich nicht deshalb isoliert, weil irgendetwas mit ihnen nicht stimmt oder sie unfähig wären, Freunde zu machen, sondern weil sie schlicht und einfach nie einer Umgebung sind, in der es möglich ist, Freunde zu machen. Wir wachsen in der Familie auf, gehen dann zur Schule, in die Ausbildung oder die Universität und zur Arbeit, wo wir beständig von Menschen umgeben sind, die uns ähnlich sind, sodass es leichter ist, Freunde zu machen.

Wenn Menschen allerdings älter werden, finden sie sich oft allein wieder, weil Familie und Freunde von früher plötzlich fort sind und die Arbeit anspruchsvoller und stressiger geworden ist. Durch einfache Schritte, selbst so etwas Banalem wie einem Pilatesclub, einer Schachgruppe o.ä. können Sie aber Menschen kennenlernen, mit denen Sie Freunde werden können.

Kapitel 4 – Achtsamkeit

Achtsamkeit ist ein arg aufgeladenes Wort. Als Konzept steht es vor allem im starken Zusammen- hang sowohl mit der New-Age-Philosophy als auch mit dem Buddhismus. Deswegen wird es oft entweder als Mogelpackung einer unseriösen Spiritualität oder als Bestandteil einer fremdartigen Religion gesehen, die das hehre Ziel der Erleuchtung verfolgt.

Achtsamkeit kann man allerdings auch praktizieren, ohne dabei in irgendeiner Weise religiös oder spirituell zu sein. In seiner Grundform besteht Achtsamkeit lediglich darin, seinem Bewusstsein die Verankerung im Hier und Jetzt zu ermöglichen sowie Eindrücke und Gedanken des Körpers und Geistes zu beobachten.

Da sich die Beweise für die Vorzüge der Achtsamkeit immer mehr häufen, gewinnen auch Psychologen ein immer stärkeres und von Begeisterung zeugendes Interesse an dem Thema. Studien zur Achtsamkeit quellen nur so über von positiven Ergebnissen in allen Lebensbereichen, von der Bildung von Gewohheiten über Stressabbau, verbesserter Konzentration und Aufmerksamkeit, besserer Leistung in Arbeit und Schule, verbessertem Einfühlungsvermögen hin zu Selbstbeherrschung sowie vielem mehr.

Obwohl das Wort Achtsamkeit scheinbar von etwas völlig Selbstverständlichem spricht, das nicht erst erklärt werden muss, gibt es doch Achtsamkeitsexperten zufolge, sowohl religiösen wie auch säkularen, durchaus „korrekte" Formen der Achtsamkeit.

Zunächst einmal ist Achtsamkeit nicht wertend. Achtsamkeit verwirft keine Gedanken oder Gefühle, lässt sich aber auch nicht auf sie ein. Echte Achtsamkeit hingegen beobachtet Phänomene. Wenn Sie gestresst sind, sind Sie gestresst. Wenn Sie glücklich sind, sind Sie glücklich. Wenn es Ihnen heiß ist, ist Ihnen heiß.

Dieser spezifisch nichtwertende Charakter des Achtsamkeit wird auch auf Gedanken angewandt und nicht nur auf körperliche Empfindungen. Wenn irgendein Gedanke auftaucht, geht ein achtsamer Mensch nicht darauf ein, sondern lässt ihn einfach vorbeiziehen. Wenn zum Beispiel der Gedanke „Susanne war aber vorhin echt unhöflich" durch unseren Kopf geht, können wir anfangen, den Gedanken zu untersuchen und den Gedanken zurückzuverfolgen. War sie wirklich unhöflich, oder habe ich mir das nur eingebildet ? Habe ich etwas falsch gemacht, oder war sie schlechter Laune ? Geht es Susanne gut ? Ich hoffe, dass sie sich entschuldigt.

Sie verstehen wohl langsam, worum es geht. Achtsamkeitsexperten- und -befürworter gehen davon aus, dass nicht Gedanken selbst das Problem sind, sondern unsere Unfähigkeit, sie quasi „abzuschalten" und ein Gefühl der geistigen Regungslosigkeit herbeizuführen. Wir werden von unseren ständigen Gedankenströmen erschöpft und überwältigt, sodass unser Geist sich niemals wirklich entspannt oder stillsteht. Mit der Zeit verringert sich damit unsere Aufmerksamkeitsspanne, unser Sinn für unser Selbst schwindet, Gefühle von Ruhelosigkeit und Müdigkeit tauchen auf und unser Verhalten läuft nur noch in Automatismen ab. All das hat schwerwiegende Folgen für unser Leben.

Zum Glück gibt es aber Mittel und Wege, um Ihr Leben zurück auf den Weg der Achtsamkeit zu bringen. Zunächst einmal ist da die Achtsamkeitsmeditation, die normalerweise vor allem auf die Atmung zum Ziel der Aufmerksamkeit hat. Bei der Achtsamkeitsmeditation sitzt der oder die Meditierende in einer Meditationsstellung, beispielsweise dem halben Lotussitz, und richtet seine oder ihre Aufmerksamkeit auf das Ein- und Ausatmen, mit dem Augenmerk auf das Ein- und Austreten der Luft durch die Nasenlöcher.

Wenn irgendwelche Gedanken und Gefühle auftauchen, beobachtet man sie einfach einen kurzen Moment lang und richtet dann seine Aufmerksamkeit zurück auf die Atmung.

Diese Methode der Achtsamkeitsmeditation wird üblicherweise morgens praktiziert, direkt nach dem Aufstehen, wenn die Gedanken noch frisch, voll Energie und entschlossen sind, sie kann aber auch zu allen anderen Tageszeiten praktiziert werden. Meditierende meditieren normalerweise mindestens 15 bis 20 Minuten lang, wobei Erfahrenere oft für einen Zeitraum von 45 Minuten oder sogar länger meditieren. Es ist allerdings nicht so wichtig, wie lange man meditiert, sondern dass man sich Mühe gibt und aufrichtig bei der Sache ist, während man es tut.

Wer zum ersten Mal auf achtsame Weise meditiert, merkt oft, wie derartig beschäftigt die eigenen Gedanken überhaupt sind. Es kann schwerfallen, fünf Sekunden durchzuhalten, ohne dass die Aufmerksamkeit von irgendeinem turbulenten Gedanken mitgerissen wird, sodass man minutenlang abgelenkt ist, bevor man sich wieder zurück auf die Atmung konzentrieren kann, um dann wieder mitgerissen zu werden. Es ist dabei wichtig, durchzuhalten und nicht gleich die Flinte ins Korn zu schmeißen, sondern den Gedanken ausreichend Zeit zu geben, sich zu beruhigen. Mit der Zeit wird es Ihnen während der Meditationssitzungen immer leichter fallen, sich zu konzentrieren oder die Gedanken gar komplett zum Stillstand zu bringen. Selbst wenn Sie solche Momente der Ruhe und Klarheit nicht erleben sollten, können die Meditationssitzungen Ihnen doch immer noch helfen, Gewissheit über sich selbst zu erlangen.

Über die direkte Meditation hinaus kann Achtsamkeit auch dadurch geübt werden, dass man sich einmal pro Tag schlicht und einfach dem Nichtstun widmet. Bei nahezu jeder anderen Tätigkeit haben wir immer irgendein Ziel oder Zweck vor Augen und unsere Aufmerksamkeit ist so auf dieses Ziel gerichtet, dass die Achtsamkeit auf der Strecke bleibt. Indem Sie sich Zeit nehmen, um Ihre Gedanken und Ihren Körper zur Ruhe kommen zu lassen, ermöglichen Sie es auch, Gefühle, Gedanken und Erlebnisse ins Blickfeld zu nehmen, die Sie tagsüber möglicherweise ausgeblendet haben.

Es kann auch helfen, eine kleine Pause einzulegen, wann immer Sie den ganzen Tag über bemerken, dass Sie nicht mit Achtsamkeit bei der Sache sind, um Ihr dann wieder ihren Platz einzuräumen. Es ist natürlich in manchen Arbeitsumfeldern und Kreisen nicht allzu ratsam, eine Pause einzulegen, wenn wir nicht achtsam sind. Trotzdem wird es für einen großen Teil, wenn nicht die Meisten von uns, keinen großen Schaden anrichten, ein paar Sekunden oder Minuten Pause zu machen, und doch kann es für unsere Geisteshaltung Wunder wirken.

Darüber hinaus können Sie auch dadurch versuchen, achtsamer zu werden, indem Sie einfach mal einen Gang von ihrem üblichen Tempo zurückschalten. Sehr viele Menschen sind insgeheim hektisch und tun alles, vom Weg zur Arbeit bis zum Abwasch, mit einer geradezu lächerlich hohen Geschwindigkeit. Es scheint ihnen beinahe wehzutun, wenn sie es langsamer machen. Wenn Sie es aber versuchen, die Dinge nur ein klein wenig langsamer anzugehen, geben Sie den Gedanken und Gefühlen in Ihrem Kopf mehr Freiraum, um sich zu beruhigen. Zudem hat der Versuch, die Dinge langsamer anzugehen, oft zur Folge, dass man auch weniger Fehler macht oder die Ergebnisse besser ausfallen, weil man tatsächlich auf das achtet, was man tut und während man es tut.

Der letzte und wohl wichtigste Tipp, der hier erwähnt sei ist, dass man versuchen sollte, sowohl angenehmen als auch unangenehmen Gedanken, Gefühlen und Stimmungen gegenüber achtsam zu sein. Eine der wichtigsten Gründe, weshalb es unserer Gesellschaft an Achtsamkeit mangelt ist, dass wir uns oft in unangenehmen Stimmungen befinden, die man allzu gern ignoriert oder abtut: Müdigkeit, Schmerz, Stress, Reue, Traurigkeit und dergleichen mehr.

Es ist allerdings meist nicht sehr hilfreich, diese Dinge einfach zu ignorieren oder zu vergessen. Wenn wir auf diese Emfindungen achten, gehen sie oft irgendwann vorüber und lösen sich bei Bewusstwerdung schon wieder auf. Selbst wenn Sie andauern, kann uns Achtsamkeit dabei helfen, mit ihnen fertig zu werden, wenn sie auftauchen oder die Gewohnheiten und Verhaltensweisen zu erkennen, denen sie entspringen.

Wenn es Ihnen schwerfällt, unangenehmen Gefühlen gegenüber achtsam zu sein und sie den Drang verspüren, sich von ihnen abzulenken, versuchen Sie, geduldiger zu werden und dem Gefühl gegenüber so lange achtsam gegenüber zu sein wie nur möglich. Mit ein wenig Anstrengung schaffen es die Meisten, den anfänglichen Drang zur Flucht zu überwinden und lernen, auch mit unangenehmen Gefühlen umzugehen. Das erfordert allerdings auch den Willen, diese Gefühle überhaupt zuzulassen.

Müdigkeit ist das beste Beispiel. Es ist wohl unvermeidlich, dass Sie irgendwann in Ihrem Leben einmal Müdigkeit verspüren werden. Es ist am besten, sich mit dieser Empfindung abzufinden und lernen, weiterzumachen, während sie besteht, anstatt sich darüber zu beunruhigen, zu ärgern oder sie zu verdrängen. Wenn Sie zudem erkennen, dass Sie müde sind und sich der geistigen Stumpfheit, die damit einhergeht, bewusst sind, haben Sie auch eine stärkere Motivation, die Faktoren in Ihrer Lebensführung anzugehen, die zu Müdigkeit führen, sei es Überarbeitung, Bewegungsmangel, schlechte Ernährung, Schlafmangel u.ä.

Kapitel 5 – Versöhnlichkeit

Obwohl sie weder bei Tischgesprächen über das Thema Glück noch in den meisten Philosophien kaum Erwähnung findet, haben Forschungen über die menschliche Psychologie doch bewiesen, dass Versöhnlichkeit ein weiteres Geheimnis eines erfüllten Glücks ist.

Wenn wir über Versöhnlichkeit sprechen, gibt es einige Punkte, die zuvor klargestellt werden müssen. Zunächst einmal geht dabei nicht darum, Fehlverhalten zu entschuldigen oder zu billigen, sondern darum, Zorn, Trauer und Groll loszulassen, die mit Vergangenem verbunden sind. Anders ausgedrückt kann man jemandem vergeben, ohne damit einverstanden zu sein, was er oder sie getan hat oder zu glauben, dass er oder sie so hätte handeln sollen.

Versöhnlichkeit sollte man auch gegen sich selbst walten lassen. Es ist scheinbar offensichtlich, dass es zwei Paar Schuhe sind, ob man gegenüber jemand anderem nachtragend ist oder den eigenen Taten gegenüber Schuld, Scham und Zorn empfindet. Die Praxis zeigt allerdings, dass Nachsicht sich selbst gegenüber genau so eine Macht haben kann wie gegenüber Anderen.

Warum hat die Versöhnlichkeit nun eine solche Macht über unser Glück ? Eine mögliche Erklärung ist die, dass es nicht zu vermeiden ist, verletzt zu werden. In unserem Leben ist die Wahrscheinlichkeit, dass jemand den wir lieben und der uns wichtig ist, einen Schritt unternimmt, der uns weh tut, unglaublich hoch. Wenn wir nie die Fähigkeit entwickeln, zu vergeben, bedeutet das allerdings, dass wir unvermeidlich Gefahr laufen, negative Gefühle in uns zu horten, die dann zu selbstzerstörerischem Verhalten führen.

Selbst wenn wir das Glück haben, größeren Streit und beziehungszerreißende Probleme zu vermeiden, können doch kleinere Kränkungen und Fehler von anderen Menschen in uns verbleiben und vor sich hin schwelen, sofern wir uns nicht gestatten, sie zu verzeihen. Selbst kleine Dinge wie das Nichterledigen von Hausarbeit, die eigentlich getan werden muss oder eine nicht zugeschraubte Zahnpastatube können uns wütend machen, aber in Wirklichkeit geben sie uns ernsthafte Gründe, nachtragend zu werden. Lassen Sie sie los.

Ein Mangel an Versöhnlichkeit führt gleichermaßen auch zu Rachsucht. Wenn Sie es einfach nicht über sich bringen, jemandem zu vergeben, werden Sie höchstwahrscheinlich irgendetwas tun, um ihm oder ihr ebenfalls weh zu tun oder irrational handeln. Das hat im Zwischenmenschlichen meist eine ständige Abwärtsspirale zur Folge, da Groll, Zorn und Verbitterung über vergangene Kränkungen die Menschen dazu bringt, es sich ständig heimzahlen zu wollen. Wir haben bereits erkannt, dass Verbundenheit und Dankbarkeit zum Erreichen des Glücks unabdingbar sind, und es ist beiden dieser Werte abträglich, aus Groll heraus zu handeln.

Trotz der Vorteile, die Vergebung nach sich zieht, kann es immer noch schwer sein, über schmerzhafte Gefühle hinwegzukommen. Psychologen, die auf das Thema Vergebung spezialisiert sind, haben aber festgestellt, dass es einige Tricks gibt, mit denen Sie Ihre Versöhnlichkeit steigern können.

Zunächst einmal müssen Sie sich bewusst werden, dass Versöhnlichkeit eine Entscheidung ist. An Zorn und Groll festhalten zu wollen, kann zur Sucht werden, und diese Gefühle sind so mächtig, dass wir, von Ihnen benebelt, nicht erkennen, dass wir eigentlich nur weiter Öl ins Feuer gießen. Der erste notwendige Schritt besteht also darin, sich einzugestehen, dass Sie auch die Wahl haben, jemandem zu vergeben, selbst wenn Sie diese Wahl gerade nicht treffen.

Als nächstes sollten Sie bedenken, welche Vorteile es hat, zu vergeben. In unseren Köpfen malen wir uns oft aus, was sein könnte. Wenn wir nachtragend sind, gehen wir darin so weit, dass wir davon träumen, wie wir uns rächen könnten oder wie die mystischen Effekte des Karmas auf unseren Gegner zurückfallen könnten. Die meisten von uns werden aber erkennen, dass solche Träume kleinlich und unrealistisch sind.

Tatsächlich macht es aber alles nur noch schwerer, an Groll und Zorn festzuhalten. Wir müssen nun den Kontakt mit dem Menschen, der uns wehgetan hat, entweder vermeiden oder regulieren, weil wir immer noch diese unterschwelligen Gefühle hegen. Darüber hinaus ist es auch schlicht und einfach keine Freude, ständig zornig, nachtragend und sogar ängstlich zu sein. Wäre es nicht besser, zu vergeben und eine ruhigere und friedlichere Stimmung aufkommen zu lassen, und sei es allein Ihretwegen?

Es hilft auch, darüber zu nachzudenken, was Sie getan haben oder getan haben könnten, das diesen Menschen dazu veranlasst haben könnte, Ihnen weh zu tun. Natürlich kann man es auch hier übertreiben und sich selbst die Verantwortung und Schuld für irrationale und willentliche Fehlhandlungen Anderer aufladen. Als Faustregel gilt allerdings, dass die meisten Menschen niemanden ohne Grund verbal attackieren oder absichtlich Anderen weh tun, selbst wenn dieser Grund durch das Ergebnis nicht zu rechtfertigen ist.

Denken Sie über Ihre Rolle in diesen Ereignissen nach und überlegen Sie, ob Sie den Streit nicht hätten beschwichtigen, besänftigen oder verhindern können. Wenn man die Probleme analysiert, die in Beziehungen auftreten, kommt man meist zu dem Ergebnis, dass beide Parteien teilweise Schuld sind und dass die Situation durch Anstrengungen beiderseits hätte verbessert werden können.

Geben Sie sich auch die Mühe, die Probleme aus der Perspektive der Gegenseite zu sehen. Können Sie verstehen, was sie gefühlt hat und warum sie das getan hat ? Können Sie nachvollziehen, warum die Gegenseite so gehandelt hat, wie sie es tat ? Selbst wenn diese Art empathischer Simulation Sie nicht unbedingt dazu bringt, das Verhalten des Gegenübers zu billigen oder gar zu rechtfertigen, ermöglicht Sie Ihnen doch, dessen Verhalten auf erwachsene, reife Weise zu verstehen und nachzuvollziehen.

Wenn wir uns von unseren Gefühlen mitreißen lassen, ist es oft der Fall, dass wir anfangen, einseitig über die Handlungen des Gegenübers zu schmollen und zu glauben, dass unser Gegenüber alles absichtlich getan hat und anders hätte handeln sollen. In Wirklichkeit aber ist unser Verhalten in Beziehungen weniger konsequent und geplant, als wir glauben, und Sie sollten sich lieber mit dem befassen, was passiert ist und warum, als mit der Version, die Ihnen Ihre Kränkung und Ihr Groll einflößen wollen.

Es sei auch daran erinnert, dass dieser Rat sowie alle Ratschläge in diesem Kapitel auch für die Selbstvergebung gilt. Sie können Ihre Scham- und Schuldgefühle bezwingen, indem Sie erkennen, dass Sie es sich aussuchen, an Ihnen festzuhalten und dass Sie lernen können, sie loszulassen. Ebenso können Sie bedenken, dass es besser und befreiender wäre, sich von diesen Gefühlen loszusagen als sich an sie zu klammern. Und bedenken Sie auch die vielen anderen Vorteile, die es hat, sich selbst zu vergeben.

Zuletzt besteht der wirksamste Weg, sich zu vergeben, auch darin, zu erkennen, weshalb Sie auf eine bestimmte Weise gehandelt haben und Schritte zu unternehmen, damit sich das in Zukunft nicht wiederholt. Allgemein legen Menschen an sich selbst höhere Standards an als an die Menschen um sich herum, und es ist nicht selten, dass wir immer erwarten, dass unser Verhalten und unsere Gedanken völlig rational und in unserer Hand liegen müssen. Wenn wir allerdings tief in uns blicken, auch in unsere Fehler, können wir trotzdem oft den Ursprung unseres Verhaltens aufspüren. Sobald wir verstehen, warum wir so handeln, wie wir handeln, ist es auch einfacher, unser Verhalten in Zukunft bewusst zu kontrollieren und zu verändern.

Kapitel 6 – Sport und Ernährung

Wir wissen eigentlich alle, dass Ernährung und Sport unsere Stimmung beeinflussen, und doch wird deren Wirkung oft unterschätzt. Sport und Ernährung beeinflussen Ihre Stimmung konkret, direkt und auf biochemische Weise und können erwiesenermaßen auch ihre Stimmung heben und schwächere bis mittlere Depressionen bekämpfen. Kernspintomografien bei Ratten und Menschen legen sogar nahe, dass Sport eine ähnliche Wirkung auf das Gehirn hat, wie Antidepressiva.

Zudem hat man herausgefunden, dass Sport Endorphine freisetzt, eine Gruppe von Hormonen, die für Gefühle des Glücks und der Freude zuständig sind. Was vielleicht noch interessanter ist, ist dass Endorphine tatsächlich die Transmission von Schmerzen blockieren und behindern, was ebenjenes euphorische Gefühl verursacht, das man mit ihnen verbindet. Neurologische Forschungen legen sogar nahe, dass Sport das Wachstum von Neuronen in jenen Gehirnbereichen auslöst, die für Lernen und Gedächtnis zuständig sind.

Das Beste an einem guten Sport- und Ernährungsprogramm ist, dass die Sache keinen Haken hat. Eine Tasse Kaffee, Alkohol, Süßigkeiten und Knabberkram, Tabak oder der Gebrauch anderer legaler oder illegaler Drogen können tatsächlich die Stimmung aufbessern und Ihnen helfen, mit Stress und negativen Gefühlen fertig zu werden. Wir wissen aber auch instinktiv, dass das alles keine langfristigen Lösungen sind und das sie auf lange Sicht gesehen mehr Schaden als Nutzen bringen.

Beim Sport hingegen gibt es kein Kleingedrucktes im Vertrag, das uns irgendwann zum Verhängnis wird. Er macht uns weniger ängstlich, verbessert das Immunsystem indem er die Produktion von Antikörpern und T-Zellen anregt, die Krankheitserreger in Ihrem Körper bekämpfen. Sport verringert auch den Pegel an Cortisol, dem Hormon, das in Ihrem Körper Stress verursacht. Ein langfristig erhöhter Cortisolspiegel führt zu hohem Blutdruck und steht im Zusammhang mit Herzkrankheiten und Schlaganfällen. Die cortisolsenkende Wirkung des Sports erklärt wohl auch, weshalb er Ängste verringert, die oft mit Stress in Verbindung stehen.

Er hilft auch Ihrem Körper, sich von Krankheiten und Verletzungen schneller zu erholen und erhöht sowohl die Einschlafgeschwindigkeit als auch die Schlaftiefe. Die positiven Wirkungen von Sport sind so stark, dass selbst bei chronischer Schlaflosigkeit eine deutliche Besserung erzielt werden kann.

Über die rein physischen und körperlichen Effekte des Sports hinaus haben Forscher aber auch festgestellt, dass Sport eine Art geistiger Betätigung sein kann. Dass Erreichen der selbstgesteckten Fitnessziele und die ständige Selbstherausforderung, die durch Sport erfolgt, sind eine gute Methode, um Erfolgserlebnisse zu haben. Gleichzeitig ist Sport für jedermann- und frau erschwinglich, egal ob arm oder reich, ob begabt oder unbegabt. Die Verbesserung der körperlichen Attraktivität und Fitness scheinen auch eine entscheidende Rolle in Bezug auf das Selbstbewusstsein und zwischenmenschliche Beziehungen zu haben.

Der Einfluss der Ernährung auf Ihr Glück ist eher unterschwellig. Ein konstanter Energiespiegel aus einem starken Stoffwechsel, der mit einer ausgewogenen Ernährung betrieben wird, verhindert Energieabfälle und stärkere Stimmungsschwankungen, die zu selbstzerstörerischem Verhalten und Motivationsmangel beitragen können. Zudem stärkt eine nahrhafte Ernährung den Körper und schützt Sie so vor Krankheiten, was langfristig wohl sehr stark zu Ihrem Glück beiträgt.

Kapitel 7 – Optimismus

Es erscheint instinktiv logisch, dass Menschen, die optimistischer sind und positives Denken praktizieren glücklicher sind, und die Forschung belegt das auch. Wie bei vielen Eigenschaften, die mit Glück in Verbindung stehen führt auch Optimismus zu einem stärkeren Immunsystem und einem verminderten Risiko zu chronischen Krankheiten. Optimismus scheint auch als Absicherung vor traumatischen und einschneidenden Erlebnissen zu fungieren, da optimistischere Menschen sich besser von Ereignissen wie dem Tod eines Ehepartners oder einer schweren Verletzung erholen.

Das wohl wichtigste Forschungsergebnis ist wohl allerdings, dass Optimismus die Art und Weise ändert, wie Menschen Probleme bewältigen und an sie herangehen. Optimisten neigen auch eher dazu, Neues zu entdecken und neue Gelegenheiten beim Schopf zu packen, selbst wenn sie dabei Risiken eingehen. Infolgedessen zeigen Optimisten und positiv Denkende eine höhere Erfolgsrate in akademischer und beruflicher Hinsicht.

Ebenso sind Optimisten und positiv Denkende auch kontaktfreudiger als ihre pessimistischen Mitmenschen, da sie leichter neue Leute kennenlernen und infolge langfristige Freundschaften mit ihnen schließen. Pessimisten und negativ Denkende hingegen scheuen Herausforderungen, Risiken und Probleme, da sie unterschwellig glauben, dass sie scheitern werden oder es die damit verbundene Mühe nicht wert sei.

Das Geheimnis, um Optimismus zu entwickeln, besteht darin, zu verstehen, was Optimismus ist und was nicht. Viele Menschen machen den Fehler, Optimismus oder positives Denken als eine Art von Selbgehirnwäsche zu verstehen, die durch anmaßende und übertriebene Formeln wie „Alles ist möglich" oder „Du bist schon perfekt, so wie du bist" befeuert werde.

Echter Optimismus und positives Denken entspringen dem Vertrauen in sich selbst und den eigenen Fähigkeiten, Probleme und Herausforderungen zu meistern. Optimisten scheuen sich nicht, Risiken einzugehen, weil sie in gewissem Maße darauf vertrauen, dass sie es schaffen werden, oder dass sie mit den Folgen fertig werden, wenn sie scheitern.

Wie gewöhnt man sich nun Optimismus an? Wie Sie vielleicht erwartet haben, liegt die Grundlange des Optimismus in Ihren Denkmustern. Negativ Denkende neigen eher dazu, schlechte Ereignisse sowohl als *dauerhaft* als auch als *intern bedingt* anzusehen. Wenn ein negativ denkender Mensch bei einem Test durchfällt, wird er beispielsweise dazu neigen, sich selbst die Schuld zu geben, à la „Ich kann nichts", „Ich bin ein Versager". Das Problem wird also als intern bedingt angesehen, es hat damit zu tun, wie er oder sie man nunmal ist. Ebenso sehen negativ Denkende Probleme als dauerhaft an, was impliziert, dass das Problem sowohl chronisch als auch schwierig, gar unmöglich zu ändern sei, à la „Ich hab noch nie etwas gekonnt", „Ich werde immer ein Versager sein".

Positiv Denkende und Optimisten hingegen neigen eher dazu, schlechte Ereignisse auf zeitlich begrenzte und externe Faktoren zurückzuführen. Wenn ein Optimist durchfällt, könnte er das auf einen Faktor wie die Grippe, Schlafmangel, einen schlechten Tag oder andere Beteiligte zurückführen. Der wichtige Punkt ist hier, dass man aus keinem dieser Faktoren irgendwem einen Strick drehen kann. Man kann ja schließlich niemandem zur Last legen, erkältet zu sein. Zudem sind sie zeitlich begrenzt, sie gehen also irgendwann vorüber.

Aufgrund der unterschiedlichen Denkmuster zeigen Pessimisten und negativ Denkende auch weniger Selbstvertrauen und schätzen ihre Fähigkeiten als geringer ein. Da sie zudem diese Fehler als dauerhauft einschätzen, sind sie auch weniger geneigt, sie verändern zu wollen. Ein Denkmuster, das in den Begriffen extern und zeitlich begrenzt operiert, wie es bei Optimisten vorhanden ist, ermöglicht es hingegen, mit Misserfolgen und Rückschlägen fertig zu werden, ohne dass dabei das Selbstbewusstsein und der Positivismus Schaden nimmt.

Natürlich sollte man darauf nun auch nicht schließen, sich selbst etwas vorzumachen oder eine Ausrede für jeden eigenen Fehler zu finden. Die negativen Denkmuster, die wir beschrieben haben, sind aber auch eher gewohnheitsbedingt und treten ohne wirkliches Nachdenken auf, sodass sie die Wirklichkeit auch nicht widerspiegeln. Wann immer Sie bemerken, dass Sie einen negativen Gedanken haben, nehmen Sie sich einen Augenblick Zeit, um eine positive Alternative zu finden oder zu überlegen, in welchem Maße der negative Gedanke zutreffend ist. Dieser Prozess wird als Infragestellung des negativen Gedankes bezeichnet und ist unabdingbar, um negative Denkmuster zu durchbrechen.

Kapitel 8 – Resilienz

Resilienz bezeichnet in der Psychologie die Fähigkeit, mit Widrigkeiten umzugehen. Das Leben ist von Natur aus turbulent, und selbst wenn manche ein schwierigeres Leben haben als Andere, gibt es wohl kaum eines, das keinerlei Höhen und Tiefen kennt. Menschen mit geringer Resilienz sind allerdings weniger in der Lage, Widrigkeiten zu überwinden und zerbrechen beim geringsten Druck. Es ist klar, dass so etwas dem Glück sehr abträglich ist, da das Glück ja gerade ein langfristiges Ziel ist, für das auf dem Weg dahin zahlreiche Hindernisse überwunden werden müssen.

Allgemein zeigen Menschen, die depressiv sind oder oft niedergeschlagen sind eine geringere Resilienz als der Durchschnitt, während Menschen, die sich als glücklich bezeichnen, auch zu einer höheren Resilienz neigen. Manche Leute gehen so weit, zu sagen, dass Depression an sich auf einen dauerhaften Mangel an Resilienz zurückgehe, der durch verschiedene äußere Bedingungen oder negative Denkmuster bedingt sein kann. Entsprechend haben manche Psychologen sogar die These aufgestellt, dass es so etwas wie das Glück an sich gar nicht gebe, sondern nur eine hohe Resilienz gegenüber den Rückschlägen des Lebens.

Unabhängig davon, welchen Standpunkt Sie zu diesem Thema nun einnehmen, steht es doch zweifellos fest, dass Resilienz eine Fähigkeit ist, die es sich anzueignen lohnt. Psychologische Studien haben tatsächlich festgestellt, dass Resilienz der allerwichtigste Faktor für Erfolg in allen Lebensbereichen ist und auch gleichzeitig die beste Absicherung gegen Geisteskrankheiten. Resilienz ist auch durch etwas, das man lernen und üben kann. Selbst wenn Sie im Moment nicht sehr resilient sein sollten, können Sie Schritte unternehmen, um es zu werden.

Wie alle abstrakteren Konzepte in der Psychologie wie Intelligenz und Wohlbefinden ist auch die Resilienz ein vielschichtiges Konzept. Einfacher ausgedrückt kann Resilienz in verschiedene Teilaspekte, Verhaltensweisen und Denkmuster aufgeteilt werden, die alle gleichermaßen zum Konzept der Resilienz beitragen und die jedermann- und -frau instinktiv verstehen kann.

Darüber hinaus haben wir bereits zuvor in diesem Ratgeber einige Faktoren erwähnt, die zur Herausbildung von Resilienz beitragen: gesunde Ernährung, regelmäßiger Sport, Achtsamkeit und Dankbarkeit üben alle erwiesenermaßen einen guten Einfluss auf die Resilienz aus. Wie Sie es wohl kaum anders erwarten, verwischt die Tatsache, dass bei Diskussionen über Glück und Resilienz dieselben Faktoren genannt werden, die Grenzen zwischen beiden Konzepten noch mehr.

Es gibt allerdings auch einige Resilienzfaktoren, die in diesem Buch noch nicht erwähnt worden sind. Der erste besteht in der Idee, dass Wandel unvermeidlich ist. Wandel kann etwas Gutes oder Schlechtes sein, aber unabhängig von seinem Charakter erkennen resiliente Menschen einen Wandel, der im Gange ist und richten sich darauf ein. Das hat zur Folge, dass resiliente Menschen ihre Ziele oder die Methode, es zu erreichen, ändern, wenn sie auf Schwierigkeiten stoßen, während nicht-resiliente Menschen dazu neigen, entweder alle Hoffnung fahren zu lassen oder aber mit ihrem fruchtlosen Unternehmen einfach weiterzumachen.

Die Fähigkeit, mit Wandel, egal ob gutem oder schlechten, umzugehen, hat viel mit Optimismus zu tun und dem zuvor erwähnten Konzept, dass positives Denken und Selbstvertrauen Menschen dazu bringen, Gelegenheiten zu ergreifen, was wiederum ein Mittel ist, um mit Wandel umzugehen oder sich ihn zu Nutze zu machen.

Die Fähigkeit, mit Wandel umzugehen, wird teilweise aber auch als Folge von Unbeirrbarkeit gesehen. Resiliente Menschen wissen, was sie wollen und entschuldigen sich nicht für ihre Ziele und Träume. Sie irren nicht umher und lassen sich auch nicht beirren, weil die Vision ihres Endziels einfach zu stark ist.

Wenn also Veränderungen eintreten und Sie sich fühlen, wie Ihre Grundsätze erschüttert werden, nehmen Sie sich die Zeit, um ihre Ziele, Träume und Aufgaben erneut festzusetzen. Je genauer und begeisterter Sie das tun, umso stärker und klarer wird auch Ihre Vision. Schreiben Sie Ihre Ziele auf, mehrmals, vielleicht sogar täglich in Ihrem Tagebuch und verfeinern und verstärken Sie sie damit nebenbei. Stellen Sie sich zudem vor, was Sie erreichen wollen und wo Sie sich in einem Monat, einem Jahr oder in fünf Jahren sehen. Diese Zeitpunkte sind natürlich völlig willkürlich gewählt. Was hierbei aber zählt, ist, dass Sie in der Lage sein sollten, sich einen detailierten Pfad vorzustellen von dem Punkt aus, an dem Sie jetzt sind zu dem, an dem Sie sein wollen.

Benutzen Sie auch die Kraft der bildlichen Vorstellung, um Veränderungen durchzugehen, bevor sie eintreten. Stellen Sie sich vor, wie Sie mit diversen Problemen umgehen, sobald sie auftauchen, sei es ein Geldmangel wegen unvorhergesehener Kosten, neuen Verantwortungen, die Ihre Zeit beanspruchen oder ein möglicher Rückschlag. Diese Szenarien helfen Ihnen nicht nur, Absicherungspläne zu entwickeln, um weiter auf Ihr Ziel hinzuarbeiten. Sich bildlich vorzustelen, wie Sie mit Problemen ruhig und sachlich umgehen hilft Ihnen auch, ebenso zu handeln, wenn Probleme tatsächlich auftreten sollten.

Weitere wichtige Eigenschaften, die implizit mit Resilienz zusammenhängen, sind Flexibilität, Proaktivität und Organisationsfähigkeit. Flexibilität ermöglicht es Ihnen, mit Unsicherheit fertig zu werden, die unvermeidlicher Bestandteil von Veränderungen ist. Auch ermöglicht sie Ihnen, zu begreifen, dass es schlicht und einfach notwendig ist, neue Herangehensweise ins Auge zu fassen um den Problemen des Lebens Herr zu werden.

Organisationsfähigkeit und Proaktivität helfen Ihnen ebenfalls, Probleme zu überwinden. Es spart Ihnen Geld, Zeit und Mühe, wenn Sie Vorkehrungen für ein Problem treffen, bevor Sie sich darauf stürzen. Ebenso können Sie nicht wirklich flexibel in Ihrer Herangehensweise sein, wenn Sie nicht verschiedene mögliche Lösungen durchgehen, bevor Sie ein Problem angehen. Ansonsten verlassen Sie sich allein auf Ihren Instinkt und Ihre Gewohnheit, was Sie durchaus in die Irre führen kann.

Proaktivität schließlich hilft Ihnen, die Folgen von Problemen zu lindern, wenn Sie auftreten, und Ihre Flexibilität und Konzentration einem neuen Problem zuzuwenden, so wie wir es zuvor in bei der bildlichen Vorstellung angerissen haben.

Wie erlangt man nun all diese Fähigkeiten, die mit dem Kernkonzept der Resilienz zusammenhängen ? Wie schon vorher kurz erwähnt, kann es unheimlich helfen, ein Tagebuch zu führen, in dem sie Ihre Gedanken aufschreiben. Indem Sie Ihre Gedanken in geschriebener Form vor Augen haben und auf Gedanken von früheren Tagen zurückgreifen können, können Sie einfacher die Muster in Ihren Gedanken und Verhaltensweisen erkennen. Indem Sie wiederum Muster erkennen, werden Sie sich leichter der Situationen bewusst, in denen sie inflexibel sind, Ihre Ziele unklar oder Sie nicht ausreichend Initiative zeigen. Es ist zudem leichter, Gedanken in schriftlicher Form zu organisieren.

Versuchen Sie auch immer, wenn es möglich ist, den logischen, planenden und methodischen Teil Ihres Gehirns zu benutzen. Immer wenn Sie etwas tun wollen, überlegen Sie, ob Sie es nicht anders oder effizienter machen könnten. Oder überlegen Sie sich alternativ dazu, welche Mittel und Werkzeuge Sie dafür brauchen. Diese Art zu denken sind nicht nur leere Worte, Sie können auch im Alltag angewandt werden. Wenn Sie zum Beispiel einkaufen gehen, denken Sie vorher darüber nach, was Sie brauchen, anstatt einfach drauf loszukaufen. Oder denken Sie besser noch daran, wo und in welcher Abteilung sich bestimmte Produkte befinden, sodass Sie nicht im Geschäfte hin-und herlaufen müssen, wenn Sie einkaufen. Sie können auch planen, außerhalb der Stoßzeiten zum Supermarkt zu gehen, um sich das Leben zu erleichtern.

Es gibt natürlich schon viele von uns, die bereits gelegentlich so denken, aber es gibt ohne jeden Zweifel viele, viele Möglichkeiten, um gerade diese Fähigkeit bei der Arbeit und im Alltag zum Einsatz zu bringen.

Kapitel 9 – Fürsorge und Hilfe

Die westliche Gesellschaft wird von Anthropologen oft als „individualis-
tisch" bezeichnet. Dieser Begriff besagt, dass die westliche Gesellschaft sehr
großen Wert auf den Einzelnen, seine Freiheit und seine Entscheidungen
legt, anstatt in Gruppen und Kollektiven zu denken. Während sowohl Indi-
vidualismus als auch Kollektivismus ihre Vor- und Nachteile haben, ist die
Priorisierung des Individuums doch mit vielen Nachteilen verbunden. Fehler
und Probleme, die wir an uns selbst wahrnehmen, werden hochgespielt und
aus dem Zusammenhang gerissen, da wir psychologisch gesehen die ganze
Zeit nur an uns selbst denken.

Ebenso führt die Versteifung auf den Einzelnen oft dazu, dass sich die Menschen isoliert und in Konkurrenz mit ihren Mitmenschen sehen, obwohl Verbundenheit eigentlich von Natur aus für die menschliche Psyche und die
Suche nach dem Glück unglaublich wichtig ist.

Um die Kluft zwischen uns selbst und Anderen zu überbrücken, ist es nötig,
ein Gefühl des Mitleids und der Fürsorglichkeit für Andere zu entwickeln.
Während sich die meisten Menschen wohl kaum als völlig unfürsorglich bezeichnen würden, übernehmen doch eigentlich nur Wenige wirklich Verantwortung oder bemühen sich aktiv, Probleme Ihrer Mitmenschen zu lösen
oder deren Wohlbefinden zu verbessern, insbesondere, wenn es über die un-
mittelbare Familie oder Freunde hinausgeht.

Trotz der anfänglichen Mühe und Hingabe, die Fürsorge und Hilfe für andere mit sich bringt, zeigt sich doch trotzdem, dass Menschen, die ehrenamtliche Arbeit leisten oder in irgendeiner Form Fürsorge und Altruismus zeigen, durchweg glücklicher als ihre Mitmenschen sind. Wie bei allen anderen

Glücksfaktoren bringen auch Fürsorge und Hilfe für Andere erwiesenermaßen ein geringeres Risiko von Geisteskrankheiten und sonstigen Erkrankungen mit sich.

Hierbei müssen aber einige Einschränkungen gemacht werden. Die Studien haben nämlich ebenso gezeigt, dass die Fürsorge-, Hilfs- oder ehrenamtliche Tätigkeit aus freien Stücken erfolgen muss. Studien an Jugendlichen und jungen Erwachsenen, die ehrenamtliche oder gemeinnützige Arbeit verrichteten, allein um eine bessere Chance auf einen Studien- oder Praktikumsplatz zu bekommen, zeigten, dass diese keinesfalls glücklicher als der Durchschnitt waren. Menschen hingegen, die moralisch-ethische Gründe als Motivation für ihr Ehrenamt angaben, gaben durchaus an, glücklicher zu sein.

Für jene von uns, denen es schwerfällt, wirkliches Mitleid oder ein Verlangen, anderen zu helfen, zu hegen, sei hier gesagt, dass zum Glück nicht jede Form von Hilfe und Fürsorge in Form eines Ehrenamtes erfolgen muss. Selbst einfache Dinge wie einem Freund oder Familienmitglied einen Gefallen zu tun, jemanden zu trösten, den Sie kennen, wenn er oder sie sich schlecht fühlt oder Spenden und indirekte Unterstützung können eine ähnliche Rolle in der Fürsorge-Glücksrelation spielen.

Die Natur dieser Fürsorge-Glücksrelation ist nicht ganz klar. Es ist möglich, dass das lohnenswerte Gefühl, das Menschen dabei empfinden, wenn sie etwas tun, das gemeinnützig oder hilfreich ist, zu Freude und Glück in anderen Bereichen beiträgt. Einige Psychologen gehen davon aus, dass es einfach eine Freude an sich sei, sich als altruistisch und fürsorglich zu empfinden, da Gefühle der Fürsorge und des Mitleid direkt mit Gefühlen des Glücks und der Freude verbunden seien.

Alternativ wurde die These geäußert, dass Menschen, die für andere sorgen und ihnen helfen verbundener mit ihren Mitmenschen sind und Fürsorge und Hilfe also eher indirekt zum Glück führen. Schließlich wird auch angenommen, dass es helfe, die eigenen Probleme zu relativieren, indem man sich auf die Probleme und Schwierigkeiten Anderer konzentriert, was zu weniger negativem Denken sowie mehr Optimismus und Dankbarkeit führe.

Es sei aber daran erinnert, dass, so sehr Fürsorge, Hilfe und Altruismus offenbar tatsächlich glücklich machen können, dies aber nur der Fall ist, wenn diese Verhaltensweisen nicht zur Last werden. Äußerste Selbstlosigkeit mag ein hehres Ziel sein, ist aber in der Praxis doch sehr ermüdend und kann in seelischer Erschöpfung oder gar in einem Helfersyndrom enden. Obwohl es also wichtig ist, für Andere sorgen und ihnen helfen zu wollen, ist es auch genauso wichtig, einen Mittelweg zu finden, um nicht die eigenen Bedürfnisse zu kurz kommen zu lassen.

Es gibt einige Methoden, um sich eine Geisteshaltung der Hilfe und Fürsorge anzugewöhnen. Fangen Sie mit kleineren, spontanen altruistischen Handlungen an, über den Tag verteilt. Das kann so etwas Einfaches sein wie jemandem einen Platz in der Straßenbahn anbieten, jemandem etwas Kleingeld geben, damit er sich einen Parkschein kaufen kann oder Sachen verschenken, von denen Sie gemerkt haben, dass Sie sie eigentlich nicht brauchen.

Sie können sich auch das Ziel setzen, jeden Tag ungefähr fünf altruistische Handlungen zu vollführen, um sicherzustellen, dass es irgendetwas gibt, worüber Sie sich am Ende des Tages gut fühlen können. Noch besser, unternehmen Sie diese Handlungen anonym. Indem Sie sich selbst aus dem Spiel nehmen, können Sie sich besser auf das Glück und den Nutzen konzentrieren, die Ihre Handlungen Anderen bringen.

Alternativ dazu können Sie auch Anderen mehr Fragen stellen, um zu erfahren, was sie denken und fühlen oder vorrangig fragen, wie sie sich fühlen und wofür sie sich interessieren anstatt von sich selbst zu sprechen. Machen Sie es sich zum Ziel, in Gesprächen Ihr Gegenüber zu unterhalten und aufzumuntern anstatt nur Ihr eigenes Wohl vor Augen zu haben.

Versuchen Sie zuletzt auch, Ihren Mitmenschen von sich aus Hilfe und Gefallen anzubieten, bevor Sie danach gefragt werden. Das kann manchmal die Formen eines Ehrenamtes annehmen, aber es kann auch etwas so Banales sein, wie sich um den Haushalt oder die Einkäufe für jemanden zu kümmern, der krank oder sehr beschäftigt ist.

Kapitel 10 – Tun, was einem Spaß macht

Seien wir mal ehrlich: der Titel dieses Kapitels klingt so derartig offensichtlich, dass es schon weh tut. Fragen Sie sich aber mal selbst: Wie oft nehmen Sie sich die Zeit für Dinge, die Ihnen Spaß machen, besonders, wenn Sie unglücklich sind ? Ganz zu schweigen von Dingen, die Sie lieben ? Es bringt natürlich schon eine gewisse dumpfe Freude mit sich, sich nach einem langen Tag vor den Fernseher auf die Couch fallen zu lassen oder im Internet herumzusurfen, aber wir wissen alle, dass solche Tätigkeiten nicht wirklich glücklich machen.

Ein häufiges Syndrom von Depression, schlechter Laune und Stress ist das Gefühl, dass nichts Spaß macht und es keine Freude im Leben gibt. Wenn aber Menschen Probleme dieser Art haben und sich Hilfe suchen, kommt dabei oft heraus, dass Sie nur unregelmäßig Hobbys, Veranstaltungen und Aktivitäten nachgehen, die ihnen wirklich Freude bereiten. Es gibt einen Punkt im Leben, an dem ein übermächtiges Verantwortungsgefühl sowie das Hin und Her des Arbeitslebens ihnen den Sinn für Freude nehmen und sie aufhören, das zu tun, was ihnen Spaß macht.

Wenn Sie also glücklich sein wollen, bestätigen Ihnen sowohl der gesunde Menschenverstand als auch die Wissenschaft, dass Sie etwas tun müssen, was Ihnen Freude bereitet. Versuchen Sie einmal jetzt, genau jetzt, zehn Dinge aufzuschreiben, die Sie wirklich gerne tun. Wieviele davon tun sie wöchentlich ? Wenn Sie nicht ganz auf zehn kommen, versuchen Sie auch solche Aktivitäten und Hobbys miteinzubeziehen, die Ihnen Spaß machen würden, wenn Sie ihnen nachgehen könnten.

Und nun brauchen Sie bloß einfach etwas Platz zu schaffen, um diesen Aktivitäten in der Woche nachzugehen. Das Leben mag schwer und geschäftig sein, aber wenn Ihr Leben so stresserfüllt und übertaktet ist, dass Sie nicht einmal ein bis zwei Stunden zweimal in der Woche freimachen können, um etwas zu tun, was Ihnen Spaß macht, dann müssen Sie sich fragen, ob Sie nicht die falschen Prioritäten setzen und der Arbeit zuviel Platz einräumen.

Wenn Sie darüber hinaus Zeit für diese Hobbys freimachen, müssen Sie sich auch erlauben, dabei keine Schuldgefühle zu empfinden. Das ist schließlich *Ihre* Zeit. Allzu oft können die Leute Ihre Freizeit nicht genießen, weil Sie dem Stress und der Hektik Ihres Alltagslebens auch in Ihren heiligen Muße-stunden gestatten, das Zepter zu führen. Anstatt sich gut zu fühlen, dass sie etwas tun, das sie lieben, fühlen sie sich stattdessen schuldig, gestresst und schämen sich, dass sie nichts Produktives tun.

Sie müssen sich aber anstrengen, dieses Gefühl zu bannen. Indem Sie sich nämlich erlauben, sich ab und an mal zu entspannen und Spaß zu haben, wird sich Ihre Produktivität und Ihre allgemeine Energie nur steigern. Indem Sie sich die Zeit geben, Dampf abzulassen, erfrischen und stärken Sie Ihren Verstand und können neue Probleme und Herausforderungen angehen.

Natürlich hat die Machbarkeit mancher Hobbys ihre Grenzen. Sie haben vielleicht nicht das Geld, um mit Felsenklettern anzufangen, nicht die Ausdauer, um zu wandern oder nicht genug Platz in der Küche, um zu backen. Mit etwas Mühe wird sich aber immer etwas finden lassen, das Ihnen Spaß macht und den Rahmen Ihrer finanziellen, mentalen und körperlichen Fähigkeiten sprengt. Am besten sollten Sie nach Hobbys und Aktivitäten Ausschau halten, die wenig Mühe, Einsatz und Ausgaben erfordern, aber trotzdem die Laune aufbessern. Ein einfacher Spaziergang in der Natur, ein Kaffee mit Freunden oder ein Abend im Kino erfordern keine große Mühe und sind auch nicht teuer, können aber doch darüber entscheiden, ob Sie Ihr Leben genießen oder daran verzweifeln.

Fazit

Für viele Menschen ist die Suche nach dem Glück der ganze Zweck des Lebens. Obwohl Glück aber eigentlich der größte Antrieb für viele ist, wird über das Thema erstaunlich wenig direkt gesprochen. Das heißt nicht, dass es nicht eine kaum übersehbare Menge an Selbsthilfeliteratur gäbe, allerdings konzentrieren sich diese Ratgeber meist eher auf andere Ziele wie Erfolg, Produktivität, finanziellen Gewinn, Spiritualität, Führungsqualität usw. Man scheint irgendwie davon auszugehen, dass das Glück eher eine Begleiterscheinung all dieser Ziele sei, obwohl diese These den Beweis ihrer Richtigkeit noch schuldig geblieben ist und auch selten in Frage gestellt wird. Wenn diese Dinge nämlich letztlich nicht zum Glück führen, warum sollte man dann nach ihnen streben?

Dieser Ratgeber geht anders an die Sache heran. Anstatt stillschweigend davon auszugehen, dass bestimmte Eigenschaften zum Glück führen, konzentriert sich dieses eBook darauf, was Wissenschaft und Psychologie über Menschen herausgefunden haben, die tatsächlich glücklich sind. Indem wir echtes Glück und die Menschen, die es leben, beobachten, können auch wir vielleicht ihre Geheimnisse enthüllen.

Auf unserer Reise haben wir viele verschiedene Charakterzüge und Eigenschaften kennengelernt. Das Leitmotiv ist dabei, dass Glück nicht das direkte Ergebnis einer bestimmten Reihe von Handlungen ist, sondern einer Reihe von miteinander verbundenen Eigenschaften, die diese Handlungen leiten. Es gibt leider keinen wirklich empfehlenswerten Ratgeber à la „Versöhnlichkeit in fünf Schritten" oder „Dankbar werden in zwei Wochen". Diese Eigenschaften müssen durch Zeit, Mühe und Konsequenz herangebildet werden, selbst wenn es dabei einige Tipps und Tricks gibt, die den Prozess etwas erleichtern.

Wir haben auch die Wichtigkeit von Gewohnheiten entdeckt. Als automatisiertes Verhaltens- und Denkmuster steuern sie den Kurs eines Lebens wie ein halsstarriger Steuermann und bleiben doch ignoriert und unter dem Eisberg des Unbewussten verborgen. Es scheint, als dass wir den Pfad zum Glück nur dadurch verwirklichen können, indem wir uns mit unseren Gewohnheiten bekannt machen, sie analysieren, durchbrechen und sie durch bessere Alternativen ersetzen.

Ich hoffe, dass Ihnen dieser Ratgeber geholfen hat, die Wichtigkeit von Gewohnheiten zu erkennen und wie sie sich die Gewohnheiten glücklicher Menschen zu eigen machen können, um Ihr eigenes Wohlbefinden zu verbessern. Viel Glück !

www.ingramcontent.com/pod-product-compliance
Lightning Source LLC
Chambersburg PA
CBHW060259290526
45789CB00001B/361